期货交易的秘密

(第三版)

万浩明 著

图书在版编目（CIP）数据

期货交易的秘密/万浩明著.—3版—北京：地震出版社，2019.12(2023.9重印)
ISBN 978-7-5028-5085-2

Ⅰ.①期… Ⅱ.①万… Ⅲ.①期货交易-基本知识 Ⅳ.①F830.93

中国版本图书馆CIP数据核字(2019)第188745号

地震版　XM5603/F(5803)

期货交易的秘密(第三版)

万浩明　著

责任编辑：刘素剑　吴桂洪
责任校对：孔景宽

出版发行：地震出版社
　　　　　北京市海淀区民族大学南路9号　　邮编：100081
　　　　　发行部：68423031　68467993　　传真：88421706
　　　　　门市部：68467991　　　　　　　传真：68467991
　　　　　总编室：68462709　68423029
　　　　　证券图书事业部：68426052　68470332
　　　　　http://seismologicalpress.com
　　　　　E-mail:zqbj68426052@163.com
经销：全国各地新华书店
印刷：大厂回族自治县德诚印务有限公司

版(印)次：2019年12月第三版　2023年9月第二次印刷
开本：787×1092　1/16
字数：145千字
印张：9.5
书号：ISBN 978-7-5028-5085-2
定价：36.00元
版权所有　翻印必究
(图书出现印装问题，本社负责调换)

目 录

序 言
　　复制，可以缩短成功的距离 ………………………………………… 1
第二版序 ……………………………………………………………………… 1
期货交易的秘密(一)
　　期货交易的不是商品，而是人性 ……………………………………… 1
期货交易的秘密(二)
　　期货交易的本质就是以不断的小额亏损来测试和捕捉大行情 ……… 7
期货交易的秘密(三)
　　精确入场之关键点交易法 …………………………………………… 13
期货交易的秘密(四)
　　赚大钱的关键，长线交易，顺势加仓 ……………………………… 23
期货交易的秘密(五)
　　稳定盈利的关键是必须建立一套适合自己的交易系统 …………… 29
期货交易的秘密(六)
　　百分之百盈利的关键是以资金的强击弱，以大击小 ……………… 35
期货交易的秘密(七)
　　超越梦想之稳定获利系统 …………………………………………… 41
期货交易的秘密(八)
　　波段利器之波段天才交易系统 ……………………………………… 47
期货交易的秘密(九)
　　如何将亏损转化成盈利，让每一组交易都以盈利出场 …………… 55

期货交易的秘密(十)
　　坚持信念不动摇，做一个坚定的技术操作者 …………… 63

期货交易的秘密(十一)
　　放弃战略性建仓思维，建立趋势跟踪性建仓思维 ………… 69

期货交易的秘密(十二)
　　放弃震荡行情，只做趋势行情，只做最强的趋势。在趋势中交易
是提高系统正确率的最好方法 ……………………………………… 75

期货交易的秘密(十三)
　　暴利金矿，即日交易 …………………………………… 81

期货交易的秘密(十四)
　　投资其实是一种耐心，弯路往往是最好的捷径 …………… 101

期货交易的秘密(十五)
　　执行力就是能力，将知识锤炼成能力 ……………………… 107

期货交易的秘密(十六)
　　开仓位置决定持仓的长短 ……………………………… 111

附录1
　　即日操盘白糖0909两个月实战图谱 ……………………… 119

附录2
　　超级操盘手培训课程 …………………………………… 131

序 言
复制，可以缩短成功的距离

我们所处的时代是一个千载难逢的，在这样的大环境下，人们的物质生活正逐渐替代旧时的精神生活进入社会的主流思想。现代的人们以前所未有的热情投身于经济浪潮中，在这种时代大的变革中，成功和财富是大多数人梦寐以求的终极目标。

但是，大多数家庭的经济来源是单一的固定的工资收入，这种铁饭碗时代的生活方式已经被新的劳资关系打破，工作不再是稳定的收入来源。步入现代社会，物价大幅度上涨，工资上涨的速度远远跟不上物价上涨的速度。"房子、教育、医疗"正逐渐成为压在人们身上的新的三座大山。严峻的现实迫使人们不得不开始关注投资，理财逐渐进入到千家万户，人们以前所未有的热情进入到金融投资行业。以智力赚钱和以钱赚钱的方式大受人们欢迎，投资已是除去工资之外的第二大经济来源。人们喜欢这种赚钱方式，因为它具有金钱和时间双重杠杆形式，使人们在较短的时间内可能以较少的资金投入，获取丰厚的回报。用钱赚钱就相当于复制一个不断工作的自我，随着资金规模滚雪球似地不断增大，越来越多复制的自我在不停地工作，你一次努力工作获得的不只是一次性收益，而可能是十倍甚至上百倍的收益。资金在复利作用下奇迹般地迅速扩张。这就是投资下的奇迹。

但是我们也要看到，在投资领域出现的巨大的贫富差距，简直到了匪夷所思的地步。对此，不能不引起我们的深思：

为什么有的人腰缠万贯，有的人却还是食不裹腹！

为什么有的人能一掷千金，有的人却要为生活精打细算！

为什么有的人能一夜暴富，有的人却贫苦终生！

为什么别人一天的收入几乎等于你一个月、一年甚至几年的努力。

是什么造成了人与人之间如此大的不同？是智力还是命运，是家庭环境还是个人努力。答案都不是。只是他们掌握了致富的秘密和成功的捷径。成功一定有方法，成功一定有捷径。

那么，成功的方法和成功的捷径到底在哪里？很多人对此百思不得其解。这对于贫穷的人来说简直就是一个千古之谜。对这个千古之谜的破解只是少数社会精英们的专利。在现实生活中，有的人挥汗如雨却只拿微薄的收入；有的人潇洒自如地坐在酒楼里、漫步在高尔夫球场上，却能在极短的时间内赚取平常人一辈子做梦也想不到的财富。

华人成功学大师陈安之将必定成功总结为以下三步：

第一，寻找成功的盈利模式。

第二，学习、复制别人已经验证成功的盈利模式。

第三，大量应用并形成自己的绝招。

在这三步中，最困难、最耗费大量时间的就是第一步，在寻找成功的盈利模式的过程中，如果只依靠我们自己摸索、提炼、总结，这必然花费大量的时间和金钱。而时间是我们最缺少的。而且即使你经过艰苦的努力，结果还不一定如人所愿。这是一条极其痛苦而漫长的经历。但我们可以跳过第一步，不用自己千辛万苦地去寻找成功的盈利模式，而只学习和复制别人经过几年、几十年甚至上百年总结出来的并在实践中已经验证成功的盈利模式，虽然花一些学费，但这比我们在摸索中寻找和在市场亏损的金钱相比，只是九牛一毛。况且还极大地节省了我们生命中最宝贵的大量的时间，很多人在复制和学习别人成功的盈利模式后，在极短的时间内取得了其他人要通过十年、二十年甚至更长时间所取得的成就。复制，可以极大地缩短成功的距离。这就是成功的秘密，这就是成功的捷径。穷人做事情，富人做事业。富人投资于一个系统，穷人寻找一份稳定的工作。是我们的头脑决定了我们的贫富。

成功最快的方法就是向成功者学习，复制别人已经验证成功的方法，然后大量去做。成功最慢的方法就是自己摸索。摸索会耗费大量的时间和金钱。并且还可能最终徒劳无功。

只要你肯放开戒备的心灵，肯向成功者学习，复制一个可以持续盈利的模式，只要你具备最基本的学习能力和模仿能力，你就可以借助盈利系统赢得成功。

在追求财富的道路上，有人愿意交费上高速公路，有人仍然愿意摸着石头过河，你选择哪一种？观念决定行动，思路决定出路。智慧的选择会让你举重若轻地实现成功。

有人说投资是冒险的，投资是冒险的吗？我的回答很简单：绝对不是，无知才是最大的冒险。投资最大的风险在于投资者。

我一直都不明白为什么那么多人宁愿辛苦工作一辈子也不愿意去学习如何让钱为自己赚钱。学习成为创造工作而不是寻找工作的人。

要记住，你一生中最大的错误就是不肯向成功者学习，复制成功。

任何人都有能力改变人生，成功仅仅开始于一个决定、一个选择。一旦你选择了向成功者学习，复制成功。你的人生将从此与众不同！

看着别人住别墅、开名车、享受旅游假期，你有何感想。赶快行动吧！别人能够做到的你也一定能够做到。相信一切付出都终将有所回报。

你的未来取决于今天的行动而不是明天的一切。

第二版序

需要提醒读者注意的是：你将要看到的这本书可能是你投资生涯当中最为重要的一页。这样说也许有王婆卖瓜之嫌，但本书的内容确实是笔者在风云变幻的投资市场经历过真枪实战后的切身体会。如果你没有认真地读懂书中的内容，本书可能对你没有多大用处。所以我希望你能够反复地阅读，直到深刻理解以至于能够在操盘中融会贯通。我在本书中所阐述的理念和技术已经改变了我的人生，希望它也能改变你的人生。

在我们每个人的内心深处，都渴望能够得到成功、自由、平静和幸福。而要得到以上所有的前提条件就是财务自由。没有财务上的自由，就没有精神和思想上的自由，就很难得到精神上的平静和幸福，这就是我们追求投资的最初动力。

期货投资是一个迷宫，里面有很多的岔口，如果你不能站在一个更高的高度总揽全局，你就有可能在任何一个岔口上迷失自己。要走向成功，走向成熟，就必须在行动之前看清楚所有的道路。为了不让初学者再走我当初所走过的弯路，这里，我仅以自己的经历给投资者一些小小的建议。

首先，只学一招，形成系统，先成专才，后成通才。

期货交易很难，初学者困惑的最大原因就是因为没有一个良好的交易系统。没有交易系统，就无法明确地知道在哪里开仓，在哪里平仓，无序必然会产生烦恼。

相对于其他领域，金融投资行业总体上比较单纯，往往坚持一个系统，精通一招就能在市场上生存，因此系统很重要。

我们不能没有交易系统，但是也不能拥有太多的交易系统。相对于没有交易的投资者，系统太多可能危害更大。

很多人在研修本书时，恨不得将书中所有的系统都了如指掌。这样做的后果就是在交易中疑虑重重。很多投资者在做日内交易时，如果行情恰巧处于趋势中，那他就很纠结，是做日内交易呢？还是留隔夜做波段呢？选择过多会产生很多无谓的困惑。

其实，普通的投资者要想在市场上生存，只要彻底精通一招就够了，按禅门的说法就是："弄一车兵器不是杀人手段，我有寸铁即可杀人。"这一招是什么？不同类型的投资者可以根据自己的交易性格在书中选取一招。不要贪多，一招就够了。

其次，深研理念，内外兼修，内心和谐，天人合一。

我们每个人都需要金钱，可那些只知道一味追求金钱的人却往往与金钱擦肩而过。仔细想象，我们是否都有过在拥有巨大的利润时，期价会回调，从而导致利润回撤，恐惧使得我们不按系统操作而选择匆匆平仓、落袋为安的经历。交易理念的缺失导致交易行为的变形。如果我们深刻理解了"永远不要将赚钱放在第一位，交易的重点应该放在做正确的交易上"这个最基本的理念，就不至于在操作中犯上述那么低级的错误以至于交易失败。

因此，在学习本书时，不要只学习技术，还要学习交易理念。一个人行为的背后是这个人的思想，同样，一名投资者的技术背后是他的交易理念，是交易理念在支撑着他的交易。所以说，没有一个良好的交易理念，就根本无法操作一个良好的交易系统。要做一名成功的操作者，必须深研理念，内外兼修。只有内心和谐的人才能做到言行一致、表里如一。内外矛盾会产生行为上的障碍，导致交易失败。

最后，遵守纪律，不断重复，形成习惯，轻松执行。

几乎所有成功的人都知道：成功其实是一种动作，是一种习惯。成功并不需要你去做多么惊天动地的大事，而是需要你把小事坚定不移、乐此不疲地做下去，并形成习惯，那么成功就是一件必然的事。

等什么时候你定的措施成为一种习惯性动作的时候，你才能够赚到钱。成功在于每天养成必定成功的习惯，习惯性的行为可以促使事情水到渠成。

而不断重复的行为就能形成习惯，良好的习惯才能导向成功，这是一个相对浅显的道理。所以说，成功就是简单的事情重复做。

在交易市场上，谁最先形成无意识地交易习惯，谁就能在投资市场上赢得先机。

知识是属于认知领域的东西，而操作是属于实践范畴。知识本身不能产生任何价值，只有对知识的正确应用和执行才可以产生价值。因此我们说执行力很重要。执行力是战略而不是战术，执行力只能从执行中来。只有把知识和执行力结合起来，才叫能力。在金融投资市场上，让你成功的不是你聪明的头脑，而是遵守不悖的执行力。

从表面上看，人生的成败全在运气、机遇等偶然因素起作用。而事实上人生成功的背后蕴藏着人生的大智慧，更多地体现一个人的价值观和自我的选择。因此，投资者应该努力在三个月内迅速地提高自己的执行力，才能永久地在交易市场上生存。否则，一切都是枉然。

以上所述是我在交易中的一点儿心得体会，也许它只适合于我，而不适合于你。但是所有这些肯定会对你的投资事业有所帮助。对本书中的内容，我强烈地建议你：不但要看懂，更要深刻地理解。因为只有完全理解的东西，你才能产生行动，走向成功。

现在是你下决心的时候了，要么一生辉煌，要么穷困一生。

记住，很多人的生活只能是经历，只有极少数优秀的投资者才能称之为传奇。

期货交易的秘密
(一)

期货交易的不是商品，而是人性

在期货和股票市场上长期交易过的投资者不难发现，很多商品期货的K线走势惊人地相似，许多股票、期货、外汇的日线图都有着惊人的相似之处。如果一种商品上市的时间足够长，我们就不难发现：它的日线图总是在几年内反复重复着自己或者其他品种前几年的K线走势。如此相似的K线走势足以让我们认为：金融投资行业有而且一定有可以在任何品种上持续稳定的获利方法，而且能在以往历史中获利的交易系统，在未来从长期的交易结果来看也必然可以获利。期货交易与品种无关，期货交易的不是商品。

那么，期货交易的到底是什么？有人说是技术，是一套可以在期货市场上稳定获利的技术，一套可以让我们持续盈利的交易系统。就连美国华尔街短线高手比尔·威廉姆斯都曾经说过：如果按照固定的交易系统操作，任何人都可以在商品期货中获利，而且获利潜力比任何其他投资都要大。因此，很多人将交易系统看得很神秘，认为一套优秀的交易系统是开启金融王国的钥匙，是实现财务自由的聚宝盆。有的人甚至将期货的K线走势当成一本无字天书，天真地认为能够将这本无字天书看懂的只有少数受到神明点化的社会精英。其实期货交易并没有人们想象的那么复杂和神秘，要在市场上购买一套优秀的交易系统也并不困难。可为什么大多数的投资者仍然不能够稳定地获利呢？而且不同的人在使用同一套交易系统时的投资结果却千差万别呢？

想想看，我们的亏损是否是因为我们缺乏必要的投资知识？是否是因为我们没有一套完整的交易系统？当然不是！交易系统其实很简单，简单到我们可以只使用两条均线金、死叉都可以长期稳定的在投资市场上获利的地步。绝大多数的投资者的投资失败并不是因为缺乏交易知识，而是因为没有听从交易知识。一个好的方法最终会落实使用方法的载体——人。人，才是决定交易成败的最重要的因素。

青泽在他的《十年一梦》中写道：投资其实是一个心灵升华的过程，是一场自己与自己的较量，是人类不断超越自我、克服人类性格缺点的过程。很多情况下，人性往往对投资结果起着决定性的作用，其重要性甚至超过知识和经验的合力。想想看，我们的亏损是否是由于入市的时机选择不对，在巨大的浮动亏损的压力下因为恐惧斩仓于黎明前的黑暗；是否是由于贪婪，在

期货交易的秘密

对行情的判断正确、入市时机选择也较好的情况下不断加码,重仓出击,而在市场正常的回调当中败北。想想那些失败的人们难道不是满怀着对财富的渴望,在赚钱的头寸上长久地停留,以至于超过了合理的期望值;难道不是在价格下跌时满怀希望保留亏损头寸,痴等价格回升,而不愿止损;难道不是在机会来临时,一次重仓甚至满仓介入;难道不是试图抓住每次价格波动,而整天奔波于买卖之中呢。

交易中想赢怕输的心理,最终导致交易的彻底变形。该拿的单子拿不住,该进的单子又迟迟下不了决心。所有这些人性的弱点才是影响我们期货操作成功的真正障碍。

交易并不复杂,复杂的是人心。佛说:不是风动,不是树动,是你的心在动。说到底投资交易的结果还是必须归咎为人性在作祟。我们贪婪、自私、虚荣、小气、急功近利等诸多的人性的弱点才是导致我们走向失败深渊的真正元凶!

期市的赢家,就是人生的赢家。期市的成败,关乎品性成败。

美国期货交易大师查尔·丹尼斯就对是否任何一个人都可以从事金融投资行业进行过举世瞩目的赌博,并由此产生了著名的海龟派。虽然从结果上来看,似乎任何人都可以从事金融投资行业,但实际上大多数第一批的海龟派学员被淘汰,留下来的学员的投资收益也千差万别。由此我们不难看出:并不是每个人都适合从事金融投资行业的。投资或投机的结果,从长期看其实就是自身性格的赤裸表现。一切投资市场的失败者,其根本原因是很难超越人性中的恐惧和贪婪。在金融投资行业中,自作聪明的人不适合做期货;贪婪的人不适合做期货;小气的人也不适合于做期货;凡事斤斤计较的人更是不适合做期货。每一个想要投身于金融行业的投资者,都必须首先克服自己性格上的弱点,完善自己的品性,才能在金融行业中持久稳定地获利。期货投资的成功是对完美人性的最高奖励。

交易中最难的是什么:是坚持一致性的交易纪律和交易策略。

完全按照交易系统的信号进行操作,当中不需要夹杂任何自己主观的思维。就这么简单的动作,95%以上的人却不能长期坚持做到,很多投资者经常在盘中随意下手，这是大多数人不能成功的最大原因。试想一下：每天早晨起床后将手臂连抬10下，就这么简单的动作，有几个人能够不间断地持续一年。坚守已经经过长期验证成功的交易系统，这是成功的关键。投资就是将正确的交易重复10000遍。就这么简单的事谁做不到？这正是许多人的心态，但是看看吧！一个月之后，半年之后，一两年之后，能够完全坚持下来的人简直凤毛麟角。

所有成功者，他们与我们都做着同样简单的小事，唯一区别就是：他们从不认为自己所做的事是一件简单的小事。

把一件复杂的问题用最简单的方式解决就是高科技。把一件简单的事情重复千百万次就是不简单。

成功者的成功不是偶然，有些看起来很偶然的成功，实际上只是我们看到的表象，正是对一些小事的处理方式，已经昭示了成功的必然。

做事先做人，要成为一个成功的投资者，就先要做一个成功的人，克服自身的弱点，克服自身的恐惧和贪婪，巩固自身的执行力，是期货投资成功的开始。

下面我们以和讯网上一位网名叫"在人间"的投资者写的《我完全不懂别人为什么会亏钱》的文章，来结束本章，其中蕴藏的深刻哲理，希望读者能细心体会。

上涨的趋势一成形就做多，下跌的趋势一成形就做空，趋势反转就反手，趋势继续就保留并把盈利加仓，完全不需要做任何预测，不需要研究任何数据，只用几条移动平均线就可以解决所有问题，决定是否对一个品种开平仓只需要不到10秒钟的时间，只要不是故意偷懒，不会错过任何像样的行情，在所有的金融投机市场上都能一样的稳定盈利，赚钱比玩游戏还要轻松得多。市场波动小的时候当然也会亏钱，甚至连续几次的亏，但是市场不可能总是如此，不然市场也就没有理由存在了，而且实际上这些年任何市场的波动都是相当大的，这是稳定盈利的现实基础。为什么就没有多少人理解并接受这么简单的道理呢？为什么总是拘泥于一时的盈亏不能解脱呢？试图找到市场的变化规律，做出精准的预测，目前是不可能的。当前人类的思维能力还差

期货交易的秘密

得太远，这是只能把它当做业余爱好或者参与市场而不是为了赚钱的研究者来做的事。对我来说研究各种各样的预测方式就是业余爱好，在没有成熟之前我只能对它们进行检验，但是绝对不允许对我的正式操作产生影响。我是完全不懂你们心里是怎么想的，在我看来，市场上绝大多数人的判断力其实比一只猴子强不了多少，甚至连个硬币都不如，扔硬币决定买卖也要比大多数人绩效好得多。理念的核心就是这样，资金管理和心态就不用多说了，道理谁都懂，能不能做到只能靠个人的悟性了。

同样的交易系统，不同的人来用，成绩有很大的不同，导致这个结果的原因是什么？原因很多，例如资金管理，有的人不懂得资金如何合理分配，不擅长加仓减仓的艺术，或者心态根本没有过关。但是我想最根本的一个原因在于，一个人的交易系统，其实就是他过去人生经验的积累、总结和体现，这一点是很重要的。我不敢说自己过去二十几年人生经历很丰富，但是我善于用求根知底的哲学思路来考虑问题，这让我受益匪浅。我的交易系统，是我一点一滴努力的结晶，力图从理论上把所有问题考虑周全，得到证明，然后再用市场来检验。所以，系统的每一个细节，都和我的人性紧密配合。这让我可以较好地克服系统固有的一些问题。没有一个系统是完美的，非预测顺势操作的一个难题就是不能把一些事实上不改变趋势的波动消除，再就是头尾部分去掉的太多，在这方面我已经初步取得了一些成效。当然这是很感性的，不好用语言来表达。一个系统的基础是客观的，才能够做到稳定盈利，但是不等于说就一定要完全客观，在客观的基础上，进行艺术化的主观设计，我认为这才是一个真正的交易系统。很多人的错误在于不能把这两者很好地结合，或者主观性太强，这使运气成分太浓厚，难以做到稳定盈利。但是纯粹客观也不好。例如按平均线设计一个自动化交易程序，我想结果应该还是可以比很多人做得要好，但是肯定还远远不能让人满意。做期货先要能战胜自己的恐惧，然后才是去摸索适合市场和自己个性的系统，两者缺一不可。不自信，不能坚持自己的思想，最大的敌人是自己。

期货交易的秘密
(二)

> 期货交易的本质就是以不断的小额亏损来测试和捕捉大行情

大多数的投资者是在期货暴利神话的吸引下，满怀着对未来美好生活的期望和梦想投入到金融投资行业中来，然而，等到真正进入投资交易时才发现要在期货行业上生存的艰难和期货交易的深不可测。

金融投资是一个"天使和撒旦同行、香槟和毒品共存"的行业，是一个可以让你瞬间上天堂也可以使你顷刻下地狱的行业。它的神奇魔力让一部分幸运儿实现了由平民变成亿万富翁的梦想，同时也残酷地剥夺了大部分市场参与者的财富。期货投资是一项你不真正参与时相对简单，但是当你一旦参与其中就相当复杂的金钱游戏。在这场游戏中，如果你想长久地生存、持续地获利，你就必须完全弄懂期货交易的本质，真正掌握一套适合自己的正确的投资理念和投资方法。只要你能够真正弄懂期货交易的本质，并由此总结出一套适合自己的投资理念和投资方法，那么金融市场就是你的提款机，否则它就是吃钱的老虎机。

在很多关于投资方面的书中将成功的交易和系统的准确率挂钩，认为成功的交易者必须拥有一套正确率超过90%以上的交易系统。致使很多初学期货的投资者都认为真正的投资高手就像传说中的神枪手，出手必赢。其实，这是一种误解。在金融投资行业中，没有100%盈利的高手，也没有100%盈利的系统和100%盈利的交易秘籍。没有任何一个人能清楚地说出明天的期货走势会怎么样。就连主力也要受到外盘或者意外消息的影响而不能100%控制盘面，何况我们。

那么，我们是凭什么来战胜市场，赢得胜利的呢？

对于这个问题，在我刚刚进入期货交易行业时，我也曾这样问过我的老师。记得当时我的老师是这样对我说的：绝大多数人做期货是没有多大前途的，因为这种魔鬼技能太简单了，简单到大多数人视而不见的地步。期货投资是一种原始的低层次的世界，人类总是用高级的眼光来看待低层次的世界。将无比简单的东西无限复杂化。这就是绝大多数人最终不能成功的最主要的原因之一。很多初学者总是想用一个指标完全描述市场走势，这完全是人类不切实际的梦想。因为K线走势的背后是交易者，市场走势是人性的函数，而不是完全的数学函数，不能用一个数学公式完全概括。

期货交易的秘密

那么，我们如何才能战胜市场，走向盈利呢？

最简单的操作方法就是不要总期望着要每一次盈利，而是完全按照一套优秀的交易系统紧紧地跟随市场走势，用不断的小额亏损去测试和捕捉大行情。用 10 次亏损 100 元的成本去抓住 1 次盈利 3000 元的交易。只要你有勇气用 10 次甚至更多次的小额亏损赚取大盈利，并且不断地重复上述操作，你就一定能够战胜市场，积累财富。就像战争，你不能期望赢得每一场战斗，但只要策略正确，你就一定可以赢得整场战争的最终胜利。

这就是对期货最本质的描述。金融投资行业其实并不像大多数人想象得那么复杂。它的成功其实很简单，期货说白了就是一种严格控制盈亏比例，并紧紧地跟随市场走势，用不断的小额亏损去测试和捕捉大行情的操作管理。

有很多人将自己的交易系统设计得非常复杂，其实根本不用，在高手眼中，即使是最简单的 MACD 指标，也能攻城掠地，克敌制胜。只要你完全跟随 MACD 指标操作并在交易中严格控制盈亏比，做到盈亏比为 3∶1 甚至更大，用不断的小额亏损去测试和捕捉大行情，那么，在每 10 次交易中，即使只盈利 3 次，而 7 次是亏损的，你也同样能够盈利。交易本身就是一个"试错"的过程，切记，高手手中的木棍胜过低手手中的屠龙宝刀。在投资高手手中即使是正确率小于 50% 的系统照样赚大钱。

但问题是，即使很多人知道了这个秘密后，却仍旧赚不到钱。这是为什么呢？

原因就是因为人类的天性，恐惧、贪婪、自作聪明和急功近利。

投机就像山岳一样古老，所有市场上的期货品种 K 线走势都相差不多，因为 K 线走势的背后是一个一个独立操作的投资者，千百年来，人性没有变，K 线走势也不会变。

著名的投资大师江恩说过：太阳底下没有新东西。

所有期货品种，都是趋势行情占大约 30%，而横盘震荡占约 70%。这就必然导致趋势型指标在行情横盘震荡时产生大量的连续亏损，此后，才能抓住一波大的趋势行情。但人的天性总是在系统出现不断亏损时感到恐惧，并且由于恐惧不敢紧紧跟随系统信号操作，甚至开始怀疑交易系统，终止交易；

有的投资者总觉得这样的赚钱方法太慢,总希望寻找一个更好更快的赚钱方法。就像童话故事里的猴子,找到一个放弃另一个,他们一辈子都在这种寻找系统中度过;还有的交易者自以为是、自作聪明,总认为自己能够避免掉亏损信号,直接进入盈利的交易信号。结果不但过滤掉了系统的亏损信号,同时也过滤掉了大行情的盈利信号,最终导致整个交易失败。

图1是一段大豆指数的期货行情。从2007年5月21日到2007年8月2日,期间共交易了7次。大家观察一下,该系统在经历了连续6次小额亏损后才捕捉到一波大的趋势行情,但最后总的资金却是盈利的(表1)。在每次只固定使用1手交易的情况下,盈利3590元。如果使用适当的资金管理,收益会更大,而风险会更小。具体收益见表1。

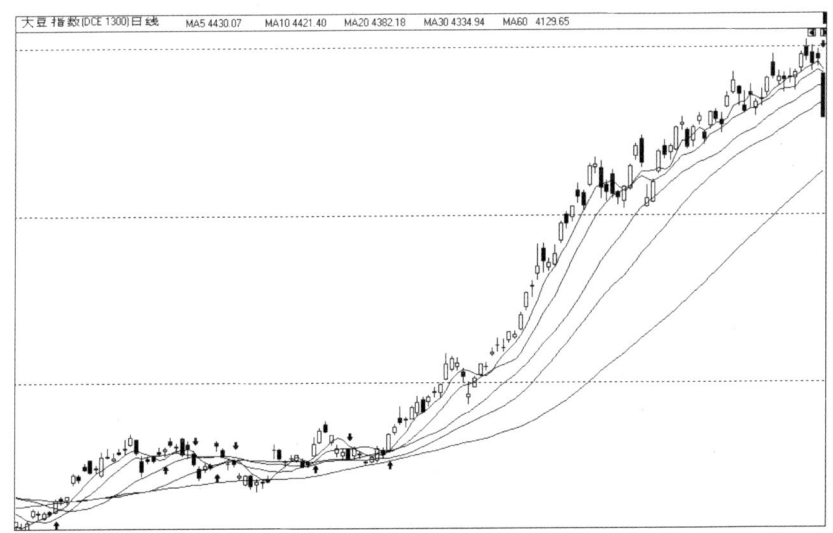

图1

期货交易的秘密

表 1

开仓时间	开仓价格	交易类型	平仓时间	平仓价格	手数	手续费	盈利	扣除手续费后盈利	总资金
20070521									100000
20070521	3281	多头	20070629	3214	1	40	-670	-710	99290
20070629	3214	空头	20070702	3301	1	40	-870	-910	98380
20070702	3301	多头	20070709	3252	1	40	-490	-530	97850
20070709	3252	空头	20070712	3357	1	40	-1050	-1090	96760
20070712	3357	多头	20070719	3270	1	40	-870	-910	95850
20070719	3270	空头	20070802	3389	1	40	-1190	-1230	94620
20070802	3389	多头	20071120	4290	1	40	9010	8970	103590

（说明：大豆1个点10元，交易手续费1手单面20元，双面40元）

正是在这段短短的两个多月的行情中，我亲眼看见过两位投资者使用同样的一套交易系统操作，都用每次固定30手的操作方法，却出现了两种截然不同的交易结果。第一位在前面的6次连续亏损中都能连续操作，却在第7次向上突破时由于恐惧没敢跟随，但恰巧就是在这一次突破后，行情出现大规模的拉升，其后他再也没有搭上巨幅上涨的行情，致使资金出现了极大的亏损，和巨大的财富失之交臂。而另一位投资者却能够克服恐惧，完全按照系统的提示进行操作。最终熬过系统的困难期，弥补了前期的亏损，赢得了巨额财富。

其实，对于一个已经验证成功的交易系统，最正确的做法就是放弃自我，完全按照系统信号进行交易，才能取得最大收益。所以，完全按照同一个指标，在设定合理盈亏比的情况下，不要错过任何的一个信号，用小额的亏损去测试和捕捉大行情！这就是交易的本质！这也是期货投资成功的秘密。

期货交易的秘密
(三)

精确入场之关键点交易法

做过股票的交易者在看到期货商品K线走势图时，往往觉得比起股票K线走势，期货商品K线走势图要简单得多，但在实际操作时却感到难度很大，很多投资者发现：许多能够在股票上成功的技术和策略一旦用在期货交易上却亏损累累。比如，在股票市场上，如果股票上升初期，股价回调时可以补仓。而在期货市场上如果用同样的方法操作，可能会对资金产生灭顶之灾。股票可以满仓操作，而期货投资如果一次动用超过50%的资金，就存在着极大的风险。其实，股票和期货交易的最大区别就在于资金杠杆和对入场点精度的要求不同。股票对入场点的要求远不如期货交易那么精细，只要看对趋势，股票的入场点可以是一个区域。只要你坚定信心持仓不动，即使出现深幅回调，你的10000股还是10000股。一旦股票上升到的你开仓价以上，你就能投资获利。但期货交易就不行，因为期货采取的是当日结算制度。如果入场点选择不好，即使你看对趋势，也可能在深幅回调中爆仓。

　　由此可见，选择入场点在期货投资中很关键。试想，如果没有好的开始，怎么能奢望有好的结果。兵法云，智者，未战先胜；战而后胜，下策。入场点的好坏，直接影响止损位的大小。如果入场点不佳，将会导致止损过大，致使总的盈亏比降低。

　　另外，入场点的好坏还会极大地影响到投资者的交易心态。期货投资就两个环节：一个是自我，一个是市场。使自己踏准市场的节奏很重要。有的人抛去技术单讲心态，这是一种没有经过实战考验的简单思维。如果选择的入场点不好，即使是在完全顺势操作的情况下，价格一旦回调跌破你的开仓位，特别是当出现较大幅度回调时，你手中拿着巨大亏损的单子，会有什么样的好心态。在这种情况下，很多投资者首先会出现的心态就是怀疑，怀疑自己是不是做错了方向，然后就是信心动摇直到平仓止损离场。可造化弄人，就在你刚刚平仓离场后，期价却昂首阔步地向着你原来开仓方向大幅度地迈进。这样，你的操作节奏将彻底被打乱，最终导致整个交易计划的失败。

　　而正确的入场点基本可以保证你入场就有盈利。期价在较短的时间内迅速脱离你的开仓成本区，这样你才能心安理得的看待回调。因为回调不会触及你的入场点，你的心态自然会很好。

期货交易的秘密

由此可见，入场点的选择在整个投资市场上是多么重要，它直接决定了交易投资的成败。

成功的期货交易中最重要的因素是什么？是一流的投资策略、良好的交易心态、准确入市时机、适时平仓出局，还有优良的资金管理。五者缺一不可！

实践证明，在入场点的选择上，最优策略是顺势回档入市和良好整理后的突破入市；其次是顺势追市；最差的策略是逆势追市。一般来讲，无论是顺势回档入市的方法，还是整理后突破入市的方法，在交易中都会有不错的收益，因为它首先从短线的角度筛除高风险的入市机会，而着眼于低风险高收益的追市策略。一个好的入场点系统应该要同时兼顾回档入市和突破追市。

我这里主要讲日线图表的准确入场点，即关键点交易法。

一、转势拐点交易法

这是长线趋势改变的第一个入场点，是第一类的交易大机会，是我们建立长线初次仓位的最佳时机。

定义：凡是按照长线交易系统指使的信号交易的入场方法，称之为转势拐点交易法。

交易方法：按照长线交易系统提示的买卖信号入场交易，或平仓出场。

交易系统：白糖操盘王交易系统。

图 2 是我的一个白糖日线交易系统，具体入场信号见图中。

2008 年 3 月 13 日，白糖指数出现长线卖空信号，我们在 4245 点卖空。2008 年 6 月 4 日，系统出现平空买多信号，我们以 3741 平掉空头并建立多头，获利 504 点；2008 年 6 月 26 日，系统在 3637 点发出平多卖空信号，因此我们在 3637 平掉原来的多头同时建立空头仓位，亏损 104 点。

其后一直持仓到 2008 年 10 月 16 日，现价 3003，浮动盈利 634 点。

凡完全按照长线系统交易信号操作的入场方法，我们就称之为转势拐点交易法。

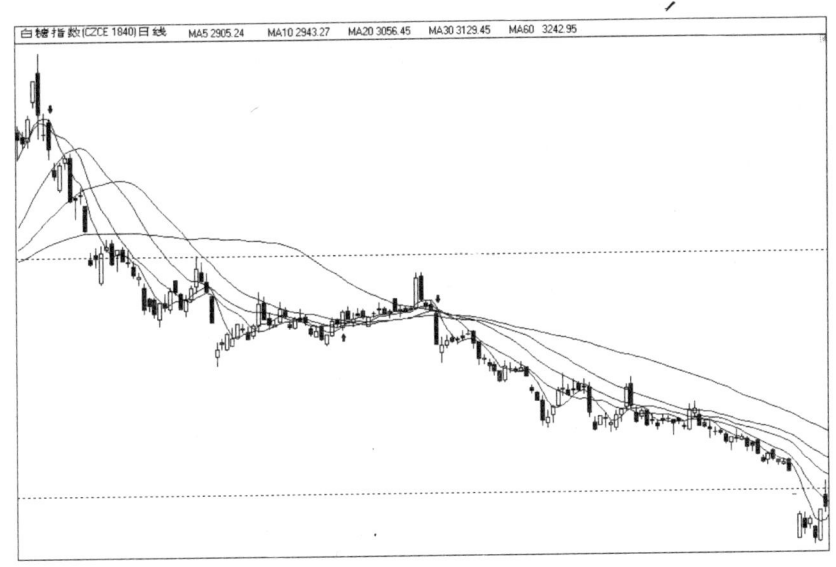

图 2

二、中继经典形态盘整入场点

在一段长线行情中，往往包含一次甚至多次的中继盘整行情。而对中继盘整行情的突破，是长线的最佳加仓点和波段最好的起始建仓点。

定义：凡回调（或反弹）导致期价下（或上）MA20 或 MA5、MA10 下（或上）MA20，盘整时间在两周以上，并形成至少两个高点和两个低点的横盘，我们称之为中继经典形态盘整入场点。包括倾斜三角形、上涨和下跌旗形、盘整矩形等经典图形。这是第二类的入场点。

交易方法：一个大型的盘整行情，当收盘价突破盘整收盘价形成的上轨压力线或下轨支撑线后，入场交易。

这是最好的低风险入场点。因为，一个大的盘整行情一旦突破，往往会在短时间内产生很大的趋势行情，使期价迅速远离盘区，远离我们的开仓成本区。

图 3 是白糖指数在 2008 年 7 月 23 日到 9 月 8 日一个多月的时间内长时间的盘整，2008 年 9 月 9 日收盘价突破盘区，我们在当日收盘价 3206 入场交易后，期价迅速脱离交易成本区，到 2008 年 10 月 16 日的收盘价 3003 点，本次操作的浮动盈利是 203 点。

期货交易的秘密

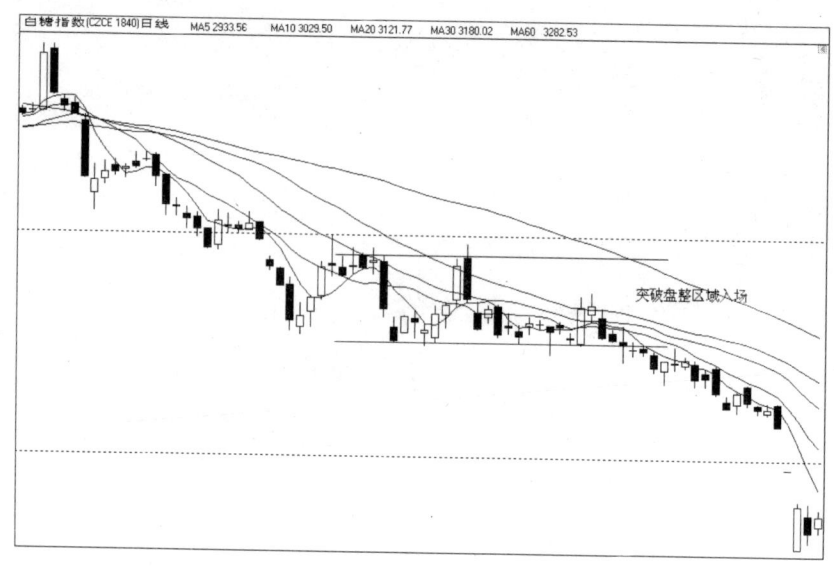

图 3

三、小型盘整入场点

该入场点是长线和波段中途的加仓点和短线的第一次开仓点。

定义：凡回调（或反弹）导致 MA5、MA10 金、死叉，但并不能致使期价下（或上）MA20，盘整时间少于两周的横盘，我们称之为小型盘整入场点。这是第三类关键位入场点。

交易方法：以收盘价重新顺势下（或上）MA5、MA10 作为入场点；短线的出场方式和开仓刚好相反，当 MA5 与 MA10 重新金叉时出场。

如图 4 所示，白糖指数反弹导致 MA5、MA10 在 2006 年 8 月 2 日金叉。但期价始终没上 MA20 均线，于是当 2006 年 8 月 11 日收盘价重新下 MA5、MA10 时入场交易。2006 年 9 月 6 日 MA5 与 MA10 重新金叉时出场，期间获利 431 点。

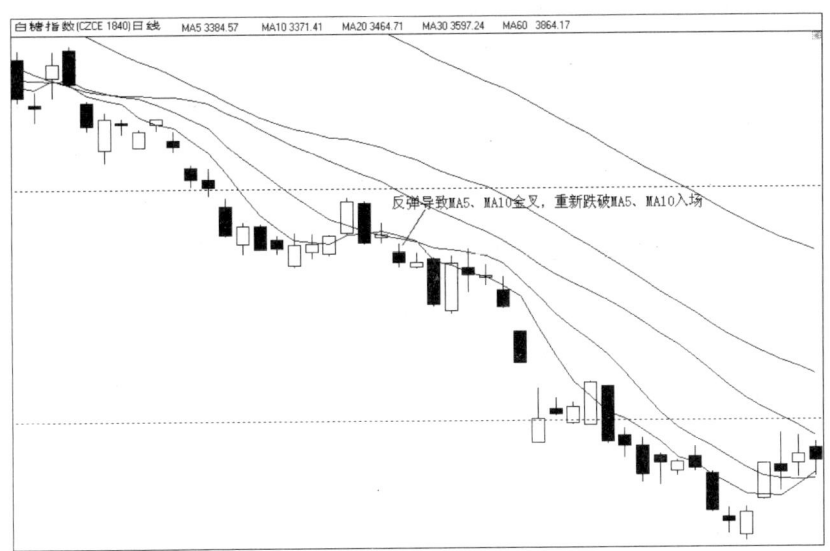

图 4

四、趋势中的浅幅回调(或反弹)入场点

还有一类比较弱势的浅幅回调(或反弹)，它们的回调(或反弹)不会导致MA5、MA10 的金、死叉。对于这类行情的关键入场点是长线、波段和短线中途的极佳加仓点。

定义：凡回调(或反弹)不能导致 MA5、MA10 金、死叉，盘整时间少于两周的横盘后又沿原趋势运行的行情，这种行情的低风险入场点我们称之为趋势中的浅幅回调(或反弹)入场点。这是第四类关键位入场点。

交易方法：突破前高低入场。

如图 5 所示，白糖 0905 从 2008 年 6 月 25 日到 7 月 2 日出现了短期的弱势反弹，但本次反弹没有导致 MA5、MA10 金叉，属趋势中的浅幅回调或反弹，在 7 月 3 日突破前低时入场交易。其后价格迅速下跌并远离我们的开仓成本区，获利巨大。

期货交易的秘密

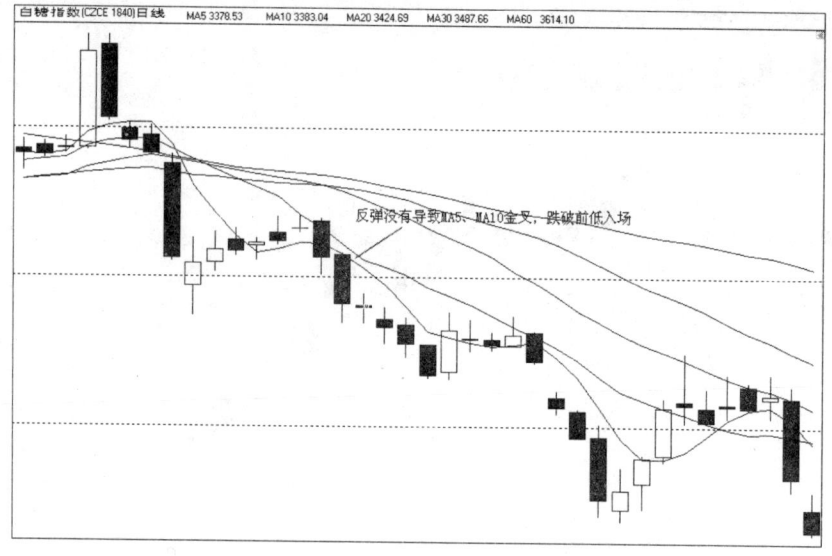

图 5

五、短线趋势行情中途入场点

该入场点是对错过短线第一次开仓点的投资者，我们在趋势行情的中途上车。

定义：凡正在 MA5 下（或上）沿趋势方向运行中途入场的交易点，我们称之为短线趋势行情中途入场点(图6)。这是第五类关键位入场点。

交易方法：这里涉及小周期分钟线入场方式，因此这里不多做介绍。

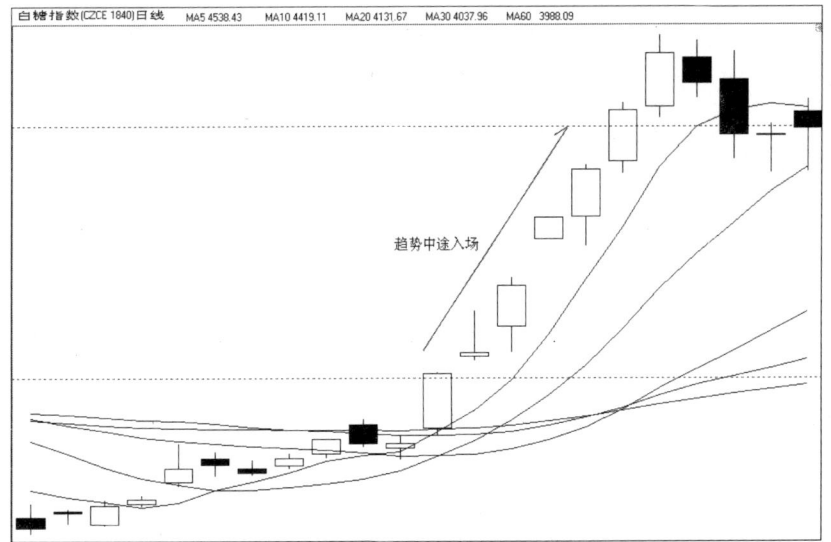

图 6

期货交易的秘密
(七)

超越梦想之稳定获利系统

真正的投资高手,并不刻意追求短期的暴利,而是追求长期持续稳定地获利。一个好的交易系统和与之配套的资金管理系统,应首先照顾到人性的弱点,做到连续亏损少,每次亏损小,而盈利要远远大于亏损,并且要做到资金回撤率小。否则,多次的连续亏损足以摧毁投资者的信心。良好的交易心态必须修炼,但一个好的交易系统可以大大地加快修炼的过程,使交易者很容易就能遵守和执行。一套好的交易系统和与之配套的资金管理系统,价值至少10万元。

　　在期货投资行业,持续稳定的获利系统就像《一千零一夜》中传说的阿拉神灯,永不亏损是多少投资者梦寐以求的期货圣经。有了它,你的生活将发生质的改变。因为持续稳定的获利是砌起巨大财富王国的巨石,是通向财富王国的钥匙。

　　有了持续稳定的交易系统,你就打开了通往另外一个自由自在世界的大门,在这个世界里,没有工作也无须工作,你仅用你的智慧就可以获得取之不尽的财富。这是一个绝大多数人注定永远也看不到的世界。在这个世界里,没有财富的烦恼和忧愁,只有一花一世界、一鸟一天堂般的清风细雨。这是一种对上苍的感恩和对自然环境和谐的舒适和自然,是我本神仙的逍遥自在。

　　本章是价值连城的秘密,熟练使用它,你就拥有了一份事业、一份不需要厂房、不需要员工,也无须多少起始资金的终身事业。

　　在这里我们只介绍了玉米的稳定获利系统,其他品种的稳定获利系统不做介绍。该系统的优点是亏损金额小,连续亏损次数少。本系统最大连续亏损只有4次。从图9中可以看出,从2008年10月7日到11月27日将近两个月的横盘时间内,连续亏损只有3次,并且最大亏损金额只有区区的300多元。而如此长的盘整在玉米品种上很少见到。一套好的交易系统和与之密切配合的资金管理系统价值连城。

1. 稳定获利系统原码:(略)。
2. 使用周期:玉米5分钟。
3. 使用方法:出现向上箭头买多,出现向下箭头卖空。
4. 资金管理:浮动手数资金管理方式。具体操作方法是:首次开仓2手

期货交易的秘密

(以 5 万元资金为例,如果投入资金为 10 万元,则首次开仓 4 手),如本次交易盈利,下一次仍用 2 手。如本次操作亏损,则在下一次操作时加 2 手,用 4 手交易,以此类推,最大加仓到 8 手,直到完全弥补前面的亏损为止。弥补后,又重新回到 2 手交易。反复按照上述的资金管理进行操作,你就可以立于不败之地。

下面我们以玉米 0905 从 2008 年 6 月 6 日到 2008 年 12 月 19 日不到半年时间的交易情况加以说明,见图 9。

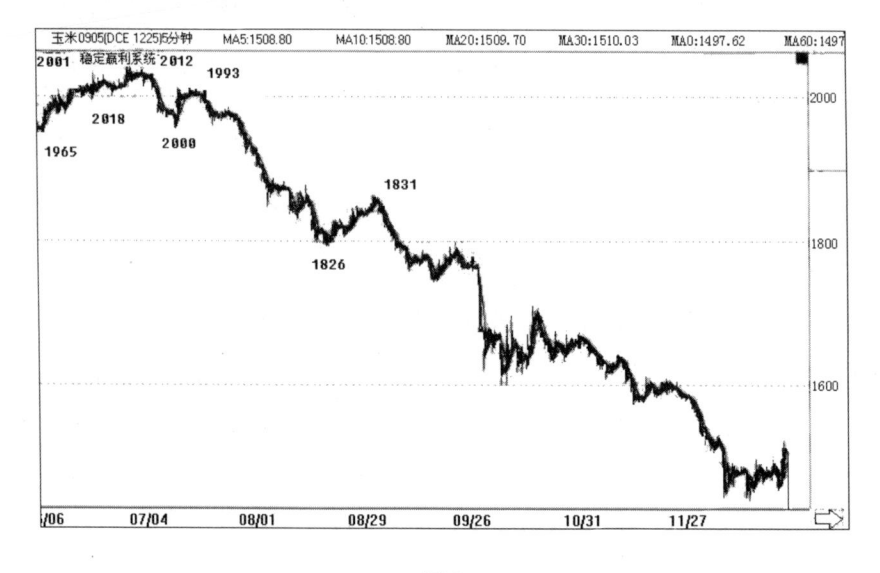

图 9

实战看盘和操作策略解析

(1)2008 年 6 月 6 日,系统在 5 分钟图表上发出买入信号,我们在 1965 买入 2 手,6 月 20 日出现卖空信号,我们在 2001 处平掉 2 手多头仓位,获利 $2\times10\times(2001-1965-2)=680$ 元(说明:手续费单边 10 元每手)。

(2)由于上次交易获利,因此,反手卖空仍为 2 手,卖空位 2001,同日 9:55 分系统又发出买多信号,我们在 2018 平空买多。亏损 380 元。

(3)上次操作亏损,我们加一个单元,开仓 4 手,价格 2018。一直持仓到 7 月 7 日系统出现向下箭头时,在 2012 平掉多头仓位。亏损 $4\times10\times$

(2018-2012+2)=320元。

(4) 继续在 2012 处加仓卖空 6 手, 7 月 11 日在 2000 点平仓。获利 $6×10×(2012-2000-2)=600$ 元。本次获利不能完全弥补第(2)、(3)次的亏损, 下次继续加仓。

(5) 7 月 11 日在 2000 点开仓买多 8 手, 7 月 18 日在 1993 处平仓, 亏损 $8×10×(2000-1993+2)=720$ 元。

(6) 现在仓位以达到最大加仓位 8 手, 因此, 我们在 1993 点卖空 8 手。8 月 21 日在 1826 点平仓, 获利 $8×10×(1993-1826-2)=13200$ 元。

现在, 我们已经完全弥补了第(2)~(5)次的亏损。因此, 下一次又回到初始的 2 手交易。

如此反复操作, 就可以弥补亏损, 达到持续稳定的盈利。短短 5 个月获利 50%多。

其他操作我只进行汇总(表 2), 不加以详细说明, 请读者自己对照练习。

表 2

开仓时间	开仓价格	交易类型	平仓时间	平仓价格	手数	手续费	盈利	扣除手续费后盈利	总资金
起始资金									50000
20080606	1965	多头	20080620	2001	2	20	700	680	50680
20080620	2001	空头	20080620	2018	2	40	-360	-380	50300
20080620	2018	多头	20080707	2012	4	80	-240	-320	49980
20080707	2012	空头	20080711	2000	6	120	720	600	50580
20080711	2000	多头	20080718	1993	8	160	-560	-720	49860
20070718	1993	空头	20070821	1826	8	160	13360	13200	63060
20070821	1826	多头	20070902	1831	2	40	100	60	63120
20080902	1831	空头	20080922	1784	2	40	940	900	64020
20080922	1784	多头	20080926	1761	2	40	-460	-500	63520
20080926	1761	空头	20081013	1667	4	80	3760	3680	67200
20081013	1667	多头	20081023	1641	2	40	-520	-560	66640
20071023	1641	空头	20071030	1668	4	80	-1080	-1160	65480
20071030	1668	空头	20071103	1643	6	120	-1500	-1620	63860
20071103	1643	多头	20071219	1500	8	160	11440	11280	75140

期货交易的秘密

从表 2 中我们可以看到,该系统是以变动手数的方式进行交易,以弥补亏损为目的。这就是说每一组交易(注意:不是说每一次交易)都必须盈利。因此,资金永远朝着增大的方向前进。如果你完全理解上述过程,并能严格执行上述操作,亏损将永远离你而去。期市已成为你巨大的聚宝盆。你已经知道,只要你愿意,你就一定会盈利。期货市场上多少投资者向往不已的阿拉神灯已经为你点亮——这就是人们梦寐以求的赚钱秘籍——年收益稳定在 2~3 倍。

期货交易的秘密
（八）

波段利器之波段天才交易系统

期货交易按照持仓时间的长短、是否参与盘整以及参与盘整的级别的大小分为长线交易、波段交易、短线交易以及即日超短线交易。每种交易方法都有各自的交易特点。

长线交易持仓时间长，止损设置幅度大，且必须参与大级别的盘整行情，这些都对投资者的忍耐力提出更高的要求。很多想从事长线投资的交易者在交易长线时，往往在第一次的大幅回调中被清洗出局，致使整个交易计划付诸东流。长线交易最困难的是建仓后如何应对第一次的深幅回调和如何调整心态平静地面对价格走势的巨幅波动。特别是当你的利润在回调中回撤50%甚至更多时，这对许多交易者的忍耐力是一个极大的考验。

短线和超短线交易由于交易周期短，而且价格走势在极短时间内波动剧烈，有时根本无规律可言，这就要求投资者要有很高的技术水平，做好短线需要有一套极好的交易系统。这是技术上最强的壁垒，一套好的即日交易系统真的可以说是价值连城。

波段交易的特点是持仓时间适中，并且不参与中等或大型的盘整行情。它的交易理念是不奢望抓住整个行情，而是只抓住行情中的某一段，一段一段地做，赚取属于自己的稳定利润。其交易风格比较适应人性的心理特征，技术上也相对容易。

在交易中我们经常发现，很多投资者亏损的根本原因就是在交易时分不清自己到底是做长线、波段，还是短线。把原本该做短线的仓位在放足盈利的心态下拿住不放，结果在行情回调时坐了一回过山车，将原有的利润又返还给了市场，甚至产生亏损。把本该做长线的仓位却在有了暴利拿了先走的心态下过早了结。使本来可以大赚的行情结果只赚取了蝇头小利。交易理念的不一致，短中长线思维的不一致，多方面互相干扰，从而极大地影响到自己的开平仓和止损止盈，致使交易失败。

作为初学者，到底先从哪一种交易方法开始学习最好？我认为初学者最好先从波段交易开始，然后随着交易经验的积累，再逐渐过渡到长线和短线交易。因为初学者的心态还不够成熟，资金也相对较小，长线交易对资金和心态有较高的要求，没有达到一定的修为根本就不可能有长久持仓的耐心；

| 期货交易的秘密

而短线交易要求投资者具有深厚的技术功底,以较高的成功率和合理的资金管理达到盈利的目的,因此都不适合初学者。初学者首先是要学会保护自己的资金,让自己能够在投资市场上生存的长久一些,尽量多学点儿知识,然后才能谈发展和壮大。波段交易由于不参与中等和大的盘整行情,这就首先排除了在极容易亏损的高风险区域交易,让初学者能够在低风险的趋势行情中一段一段地获取较为稳定利润,这样,就做到即赚取了利润,又逐渐培养起了初学者的信心的目的,因此很适合初学者。

我在这里给大家介绍一套这些年来我一直在股票和期货中使用的波段利器,即波段天才交易系统。大家不要认为它太简单从而忽视它的赚钱能力,在投资领域最简单往往是最有效。只有当你真正使用它以后,你才能深切地感受到该系统的神奇魅力。它可以化腐朽为神奇,使渺小者变得伟大,使平凡的人也会拥有用之不尽的力量,从而超越平凡,走向卓越。

下面我们来详细讲解波段天才交易系统。

①波段天才交易系统原码:(文华)。

REF(C, 1)>REF(MA(C, 6), 1)&&C>MA(C, 6), BPK;

REF(C, 1)<REF(MA(C, 6), 1)&&C<MA(C, 6), SPK。

②使用周期:日线。

③使用方法:完全按照系统的交易信号操作,在MA30下只做空,不做多;在MA30上只做多,不做空。

④资金管理:使用固定资金比例交易,每次只使用总资金的30%用于交易,途中不加仓,也不减仓。

下面我们以玉米0905合约在2008年7月21日到2008年12月16日期间的交易情况加以说明(图10)。为方便计算起见,我们每次固定使用10手进行交易。

(1)2008年7月21日,系统在日线图表上发出卖空信号,我们在1978卖空10手,2008年8月21日出现买入信号,我们在1820处平掉10手空头仓位,获利10×10×(1978-1820-2)=15600元(说明:手续费单边10元每手)。

(2)由于期价在MA30以下,因此,我们只做空不做多。2008年9月3日,

图 10

当系统在日线图表上再次发出卖空信号时，我们在 1820 卖空 10 手。到 2008 年 9 月 3 日系统发出平空信号，于是我们在 1792 处平掉 10 手空单。获利 $10 \times 10 \times (1820-1792-2) = 2600$ 元。

(3) 同上，2008 年 9 月 24 日，当系统在日线图表上发出卖空信号时，我们在 1770 卖空 10 手，2008 年 10 月 21 日我们在 1701 处平掉 10 手空头仓位，获利 $10 \times 10 \times (1770-1701-2) = 6700$ 元。

(4) 2008 年 10 月 23 日我们重新在 1663 处建仓 10 手空单，2008 年 10 月 29 日在 1661 点平仓。获利 $10 \times 10 \times (1663-1661-2) = 0$ 元。

(5) 2008 年 11 月 3 日在 1647 点符合我们卖空条件，我们在 1647 点卖空 10 手，2008 年 11 月 20 日在 1609 处平仓，获利 $10 \times 10 \times (1647-1609-2) = 3600$ 元。

(6) 2008 年 11 月 25 日，系统在日线图表上又一次发出卖空信号，我们在 1586 卖空 10 手。到 2008 年 12 月 16 日系统发出平空信号，于是我们在 1475 处平掉 10 手空单。获利 $10 \times 10 \times (1586-1475-2) = 10900$ 元。

累计获利 39400 元。

| 期货交易的秘密

我们再看上海交易所的橡胶(图11)。橡胶波动性极大,因此收益也会比波动小的玉米高出很多。

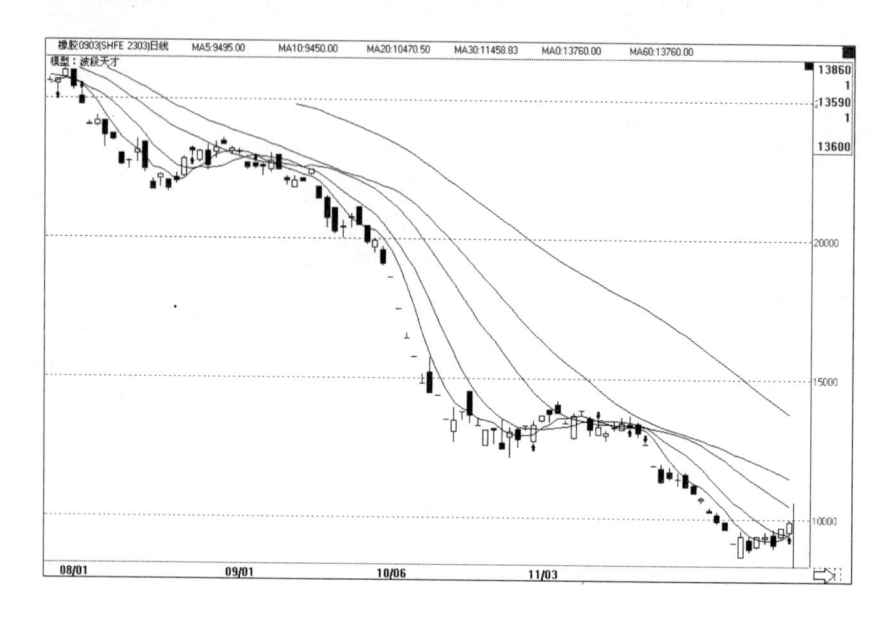

图 11

(1) 2008年8月4日,系统在橡胶0903日线图表上发出卖空信号,我们在24785卖空2手,2008年8月22日出现买入平空信号,我们在23130处平掉2手空头仓位,获利2×5×(24785−23130−5)=16500元(说明:手续费单边25元每手)。

(2) 由于期价在MA30以下,因此,我们只做空不做多。2008年9月3日,当系统在日线图表上再次发出卖空信号时,我们在22600卖空2手。到2008年10月31日系统发出平空信号,于是我们在13360处平掉2手空单。获利2×5×(22600−13360−5)=92350元。

(3) 同上,2008年11月12日,当系统在日线图表上发出卖空信号时,我们在13280卖空2手,2008年11月18日我们在13375处平掉2手空头仓位,亏损2×5×(13280−13375−5)=−1000元。

(4) 2008年11月20日虽然系统发出卖空信号,但是当日以跌停板开盘,致使我们无法交易,但我们使用小周期分钟线系统可以波段行情中途进入。

这里不做介绍。

累计获利 107850 元。

从玉米和橡胶两个例子中，我们深切地感受到波段天王交易系统的巨大威力。如果你能够完全掌握波段天王交易系统，你就已经达到了一般人难以企及的高度。巨大的获利对你而言已不再是水中月、镜中花。你的投资生涯将彻底改变。

期货交易的秘密
（九）

如何将亏损转化成盈利，让每一组交易都以盈利出场

无论做长线还是做短线，每一个交易者来投资市场的目的都是为了赚钱，而不是为了赔钱。但是在实际操作中，我们操作的单子却经常会被止损出局。这种亏损很正常，因为在投资市场中没有哪个人能做到百分百的判断正确，问题是止损出局后，我们该如何去弥补这些亏损，大多数的投资者在止损时都很坚决。但是，仅仅懂得止损并不能保证你能够在投资市场上长久生存，它只是延缓了你在投资市场上生存的时间。只有懂得如何去弥补亏损，才能够在投资市场上生存和发展。

下过围棋的人都知道，大局观很重要。在下棋时不能只在乎一城一池的得失，不能为局部的胜利而不顾全局。下出的每一步都必须为后面的布局做铺垫。同样，期货高手在交易的时候，并不在乎每一次是否获利，而是考虑让每一组交易都能获利。因为他们知道，亏损是交易不可回避的一个组成部分，问题是如果交易出现亏损后如何处理，有没有能够弥补亏损的方法。只有懂得如何去弥补亏损，才是一个合格的期货交易者。在期货投资市场上，对亏损单子的处理方式严格地区分出赢家和输家。初学者总有一种误解，以为交易高手在交易中不会出错。其实不然，高手在交易时不是不会出错，而是一旦出现亏损后他们能够使用合理的交易方式迅速地将亏损弥补回来并且还有盈利。凡成功的人都有一种能力，那就是有将坏事转变成好事，将好事演化为经典的能力。

赢家总是能够将亏损最终转变成盈利，而失败者却往往将一个小的亏损不断增大，最终形成大的亏损。对待亏损的态度和处理亏损的方式，最终决定了你到底是赢家还是输家。

要想在投资市场上生存，你必须具有持续盈利的能力。那么，如何才能使自己具备持续盈利的能力？那就是要懂得如何将亏损转变成盈利，让每一组交易(而不是每一次交易)都以盈利出场。只有这样，你的资金才会不断增加，你才能够长久地在投资市场上生存。投资获利对你而言才不会是水中月、镜中花。这是一个价值百万元的问题。

很多成功的操盘手从来没有亏过钱。这在很多人看来很奇怪。在交易中，他们有可能有一笔、两笔甚至多笔的亏损，但从一天、一周、一个月的交易结果来看，他们总是赚钱的。他们不在乎某一次是盈利还是亏损，他们在乎的是如何让每一组交易都能大赚出场。这就是赢家的思维方式。

关于如何将亏损转化成盈利的方法很多，我在这里只介绍其中最常用的两种方法。

(一)盘整行情假突破反手交易法

一段大的趋势行情后，往往进入长期的盘整行情，在这种行情中，价格会在一个狭窄的范围内横向震荡。这是一种很难交易的行情，但是，这种横向盘整行情一旦突破，价格就会沿着突破方向产生很大的趋势波动，如果在突破时跟进，一般都会有非常好的收益。但是，主力往往会在真正突破前进行一次或者多次的假突破，使得跟进的人亏损。这使得投资者在行情突破时心存疑虑，不敢跟进，从而错失入场良机。其实，如果懂得盘整行情假突破反手交易法，你就敢于在任何突破上、下轨的时候入场交易，一旦行情又回到盘整区域，你就应果断的反手交易，将上一次的亏损弥补回来。盘整行情假突破具有很高操作价值。

2008年10月20日，玉米0905在日线周期上向上突破盘整上轨，我们以收盘价1701买入，第二日，即10月21日，期价又跌回到盘整区域内，收盘时我们以1661平掉多手并反手买空。其后行情一落千丈。不但能够弥补前期的亏损还有极大的剩余利润(图12)。

同样，2008年6月18日，白糖0905在日线周期上向上突破盘整上轨，我们以收盘价3901买入，第二日，即6月19日，期价又跌回到盘整区域内，收盘时我们以3882平掉多手并反手买空。其后行情迅速下跌。空头获利巨大，不但能够弥补亏损还有极大的利润(图13)。

这样的例子在期货交易中非常多，很多投资者在遇到这样的行情时，往往将止损设置在盘整的下轨处，这样会产生非常大的亏损，而如果在假突破后立即反手交易，就会反亏为盈，化腐朽为神奇。

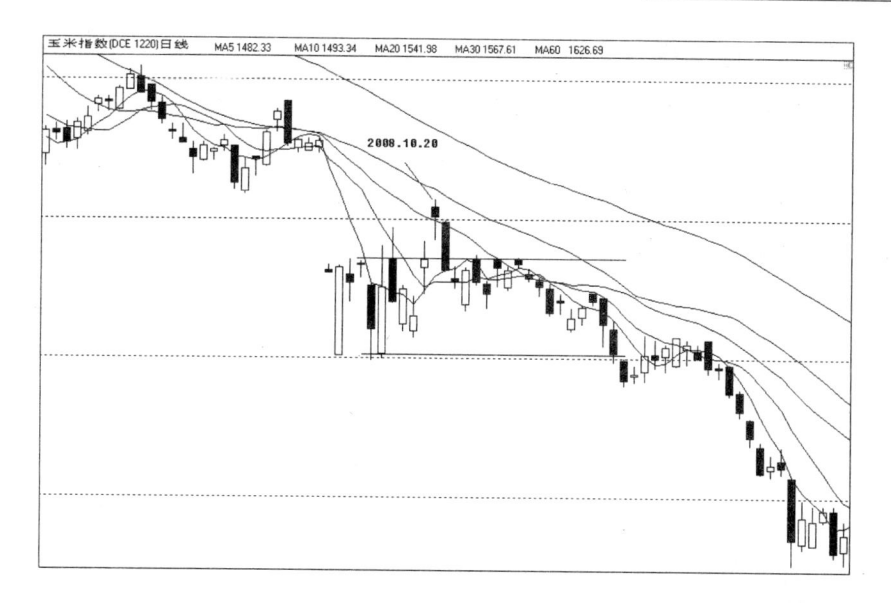

图 12

图 13

(二)利用浮动手数交易法将亏损转变成盈利

一般趋势型交易系统的亏损多发生在行情横盘震荡时，这时候的走势特征是期价在一个较小的区域内震荡，即不向上运动，也不向下运动。多空主力势均力敌，行情暂时陷入泥潭，停止不前。在盘整行情中，趋势型交易系统会出现连续的亏损，但是由于行情的性质，虽然每次的亏损金额并不大，如果这时候交易不当，往往会导致由多次的小额亏损积累成巨幅亏损，最终将投资者逐出市场。因此，如何将行情横盘震荡时的亏损弥补回来并能产生较大的利润，就成为决定投资成败的分水岭。

期货行情无非就是两种：一是趋势行情，包括上涨和下跌；二是横盘震荡行情。二者交替运行。在经过一个周期的交易后，许多投资者往往发现将自己在趋势行情中赚到的钱又在震荡行情中返还给了市场，甚至还有亏损。只有真正跨越了横盘震荡行情，懂得如何将横盘震荡时的亏损转变成盈利，才能成为一个持续稳定盈利的交易者。

系统在横盘震荡行情交易时的特征是：亏损次数较多，但每一次的亏损金额较小。根据系统的这种特征，我们使用在前面《期货交易的秘密(七)超越梦想之稳定获利系统》中所讲过的浮动手数资金管理方式。通过调整交易手数，使其在亏损时使用较少的资金，在盈利时使用较大的资金，从而达到弥补亏损并产生盈利的目的。

下面我们通过两个交易的例子来说明如何将亏损转变成盈利的方法。

图14是玉米0905从2008年10月20日到2008年11月20日一个月的交易情况，在此期间，使用日线波段王系统共交易了5次，如果使用固定手数进行交易，最终结果是亏损的。现在我来详细说明，我们如何通过浮动手数将一组亏损的交易转化为大幅的盈利。

我们先来看，如果交易中每次固定使用5手进行交易，玉米0905从2008年10月20日到2008年11月20日的盈亏情况，见表3。

表 3 玉米 0905 盈亏情况

20081020	1701	多头	20081023	1663	5	50	−1900	−1950	98050
20081023	1663	空头	20081029	1661	5	50	100	50	98100
20081029	1661	多头	20081103	1647	5	50	−700	−750	97350
20081103	1647	空头	20081120	1609	5	50	1900	1850	99200

从表 3 中我们可以看出，如果使用固定 5 手操作，这一组交易总共亏损 800 元。下面我们看一看交易高手如何用浮动手数资金管理方法将一组亏损的交易变成较大幅度的盈利。

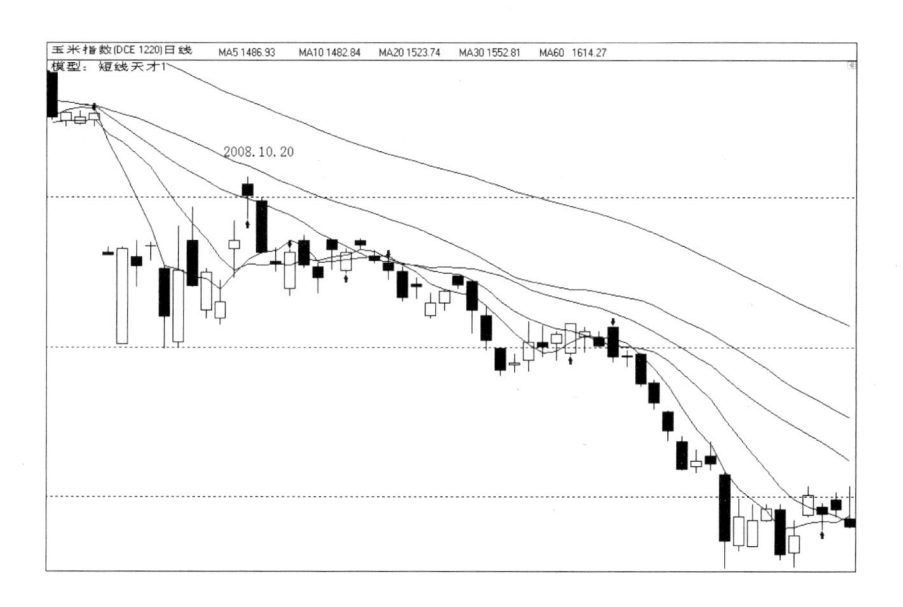

图 14

(1) 2008 年 10 月 20 日，系统在发出买入信号，我们在 1701 买入 1 手，10 月 23 日出现卖空信号，我们在 1663 处平掉 1 手多头仓位，亏损 1×10×(1701−1663+2)=400 元（说明：手续费单边 10 元每手）。

(2) 由于上次交易亏损，因此，反手卖空为 2 手，卖空位 1663，2008 年 10 月 29 日系统又发出买多信号，我们在 1661 平空买多。亏损 80 元。

(3) 上次操作仍然亏损，我们再加一个单元，开仓 3 手，价格 1661 买多。一直持仓到 11 月 3 日系统出现向下箭头时，在 1647 平掉多头仓位。亏损

61

期货交易的秘密

$3 \times 10 \times (1661-1647+2) = 480$ 元。

(4)继续在 1647 处加仓卖空 5 手，2008 年 11 月 20 日在 1609 点平仓。获利 $5 \times 10 \times (1647-1609-2) = 1900$ 元。

本次获利完全弥补第(1)、(2)、(3)次的亏损。期间共获利为 $1900-480-80-400=940$ 元。

通过浮动手数调节交易仓位，将原本亏损的交易转化成盈利。这就是高手秘而不宣的交易手法，他们往往可以将一般投资者操作亏损的交易通过特定的资金管理方法扭亏为盈。高手并不是每次盈利，他们也有亏损，但是，从一个周期来看，这些交易高手是一定盈利的。这在许多投资者听来简直不可思议。

当然，还有其他一些处理亏损的方法。我在这里仅列举最常用的两种。所有这些都是交易高手的核心机密。特别是第二种方法。我们在后面即日交易中还会涉及。

期货交易的秘密
（十）

坚持信念不动摇，做一个坚定的技术操作者

在我初学期货交易的时候,很喜欢短线交易,特别是即日交易。由于没有一套完整的交易系统,对市场的趋势根本没有一个较为客观的判断,每天只根据即日盘面的变化决定当时的操作方向。即使是在日线图表上显示非常明显的上涨趋势中,如果当天买入后盘中期价出现快速下跌,根据我以往的经验,我立即止损掉多单反手卖空,但空单刚刚成交,期价又出现大幅反弹,我又平空反多。就这样被盘面的走势迷惑着不断地来回止损。仅凭盘面的风吹草动就轻率出击,这样的操作方法常常让我买到当日的最高价卖到当日的最低价,结果来回割肉,两边挨耳光。

其实,在非常明显的上涨趋势中,某一天的下跌大多数是上涨趋势中极为正常的回调,在做多交易时即使是因为入场的时机和入场点的位置不好,但如果下跌在允许的范围内,此时的操作不但不应该止损平仓,反而应该在支撑位补仓加多。这样,一旦价格回升,你就能反败为胜,变浮动亏损为盈利。真正的交易高手是能够清晰地分辨出大势的交易者,他们在看对大趋势的情况下,对行情的后续走势有自己独特的交易策略。他们看书但不唯书,对很多书上强烈反对的在亏损的情况下补仓的观点有自己独特的看法和理解。

很多投资者虽然有一套自己的交易系统,并且系统明确地显示现在的趋势是向上的,但当价格出现连续几天的较大幅度的下跌时,很多人就会精神紧张,信心动摇,以为趋势改变而匆匆平仓出局,有的甚至反手卖空,从而违背系统的交易原则,导致交易失败。

期货是一场战争,主力为了混淆投资者的多空思维,常常在上升趋势中大幅打压价格,甚至不惜以跌停板来混淆投资者的思维,让大多数意志不坚定的投资者怀疑系统、怀疑趋势。等大多数人平仓出局后突然拉升期价,让投资者面对高高的价格悔恨莫及且不敢追高,即使敢于追高的投资者也会因此提高交易成本。有时主力用长时间的宽幅横盘震荡来迷惑投资者,以混淆投资者的思维。例如,图15最后9日是大豆指数在2009年8月13日到8月25日的走势图,这9日期价出现了较大幅度的强势上涨,很多人由于恐惧,害怕自己已到手的利润出现巨大的缩水而匆匆平仓。还有一些人因意志不坚定,怀疑趋势并认为趋势反转而平空并建立多头头寸。其实按照道氏理论关

期货交易的秘密

于趋势的定义，8月25日的高点并没有高过前期反弹的高点，因此，此时认为趋势改变还为时尚早，只能定义为下跌趋势中的反弹行情。而对应此时的交易策略应该是做一个坚定的技术操作者，彻底放弃恐惧，逢高放空而不是逢低做多。就是在这短短的9天时间里，有多少意志不坚定的投资者由于迷惑于当时盘面的强势上涨的陷阱里，对大的趋势视而不见，入场抄底，最终导致交易失败。后续走势见图16。而那些能够坚定信念，完全按照技术操作的投资者在这段行情中获得了丰厚的回报。

还有一类投资者，他们在系统的困难期内，由于操作的连续亏损，心里充满恐惧和对系统的怀疑，导致越到后面心里越害怕，下单时犹豫不决甚至中断交易。人为的破坏系统的交易规则，使技术完全走样。不能坚定地相信自己的交易系统，做一个坚定的技术操作者，是交易失败的根本原因。

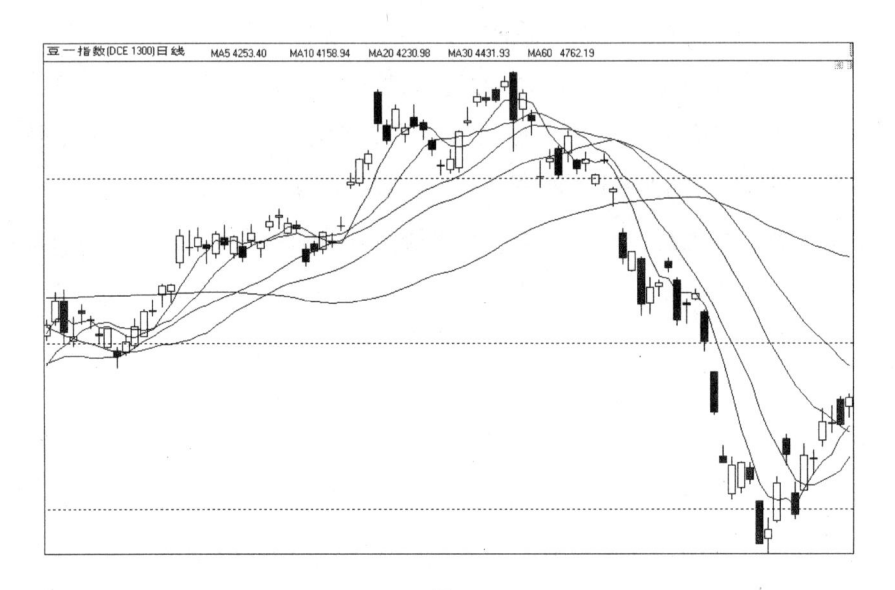

图 15

如果我们完全按照系统交易，情况就会大不一样。依照系统显示的趋势交易，我们的思维就不会每天在多空之间摇摆不定，陷入混乱的状态。由于主要着眼于系统的主要趋势，我们的交易就会变得稳定而可靠。并且如果我们将系统在上涨趋势时涂成红色，系统在下跌趋势时涂成绿色，那么面对每天的盘面变化，我们就会不再神经兮兮，精神紧张。在实际的操作中就能够

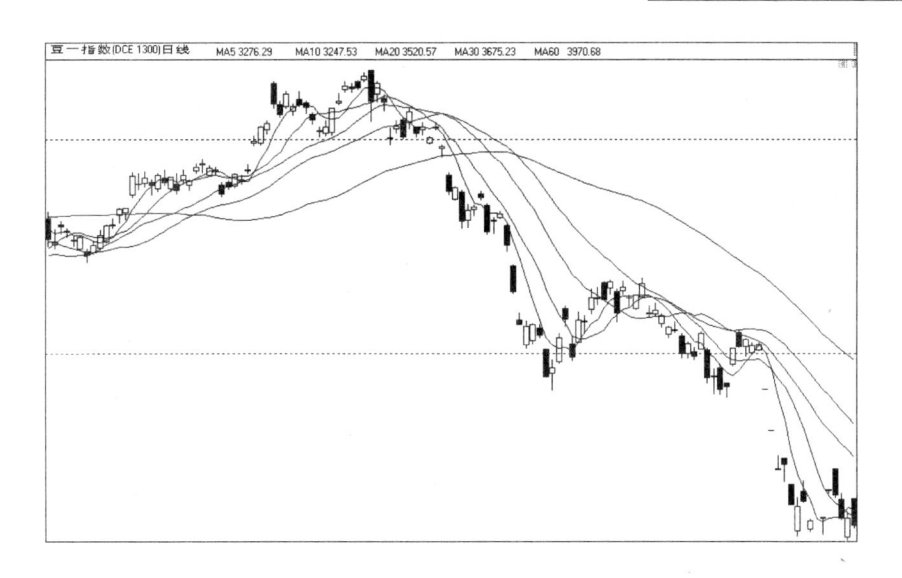

图 16

以一种不慌不忙的态度看待市场，对自己的操作胸有成竹。

对于一个优秀的交易系统，我们一定要完全按照它的信号进行操作，千万不要怀疑系统，特别是要做一个坚定的技术操作者，才能取得最大收益。

影响系统交易的原因还有两个：一是突发消息引起的大幅逆向反弹。例如美国"9·11"事件中，上海铜期货处于下跌趋势，但"9·11"事件当日由于突发事件导致铜期货开盘大幅上涨，许多意志不坚定的操作者在当日价格大幅上涨时平仓，其后再也没有搭上深幅下跌的行情，与巨大的利润失之交臂。其实，突发消息只能短时间地影响价格的走势，但它不能从根本上改变价格的长期趋势。二是外盘走势对国内走势的影响。上海燃料油在日线图表上跳空很多，大多是受前一天晚上美盘原油大幅上涨或下跌的影响。许多初学者对这类情况无所适从。

其实对上述两种情况最简单的处理方式，就是不听、不看，只关注自己系统的交易信号。只要交易系统显示的交易信号没有改变，哪怕是天塌下来也要持仓不动，这需要有极其坚强的毅力和坚定的技术信念。

学习傻子精神，做一个坚定的技术操作者。

切记，信心是挣钱的基础。摇摆不定是不断止损和不断亏损的根源。

期货交易的秘密
（十一）

放弃战略性建仓思维，
建立趋势跟踪性建仓思维

很多投机者都有抄底的不良习惯，这是一种人性贪婪的表现，即总想抓住全部的行情，在行情的底部建立战略性大仓位。2007年年底，上证指数在经历了长达两年的大牛市后开始出现较大幅度的下跌，从6100多点下跌到4800点附近后进行盘整，在2007年12月19日到12月24日连拉4根中、大阳线(图17)，并形成W底形态，许多投机者为了抄底满仓而入，以为这次终于抄到了股市的大底，但没过多久，上证指数跌破4800点后继续大幅下跌，一大批抄底勇士折翅沉沙。其后，当上证指数跌到4400点时，许多投资者仍然抵制不了2008年2月4日一根涨幅达8%的光头光脚大阳线的诱惑入场抄底，记得当时的报纸在财经版刊登了一张照片，上面的一群股民喜笑颜开的画面，照片的配文是：抄到底的股民终于露出了久违的笑容。可是没过两个星期，大盘重新疯狂下跌，又有一批抄底勇士翻身落马。同样一幕又出现在3100和2600点附近，直到上证指数下跌到真正的底部1700点附近。而在此之前，有多少投资者为了抄到上证指数的这个大底，整整被套牢七八百点甚至上千点，这是血淋淋的教训。

图17

期货交易的秘密

其实，如果我们戒急戒躁，放弃贪婪的抄底之心，不自作聪明地总想着抓住所有的行情，而是勇敢地放弃鱼头和鱼尾，等到趋势完全明朗后再进行交易的话，那么就不会在行情来临之前被严重套牢，并且在行情上涨时等待的是解套而不是巨大的利润，从而丧失了几乎一整年的获利机会。这是多么惨痛的教训。

金融投资成功的关键是首先要有正确的交易理念，抄底和摸顶完全是人性贪婪的表现。投机其实就是和自身人性的战斗。交易的本质不是预测，而是跟随。趋势行情的底部不是预测出来的，而是我们按照自己的交易系统不断跟随的结果。

期货交易大师杰西·利弗莫尔在早年的操作中，也曾犯出现过这种抄底摸顶的错误。有一次他在操作棉花期货时，看到棉花已跌到很低位，并且价格在每磅12美分上下很小的幅度内徘徊，他认为棉花价格已经到了底部，是一个建立战略性仓位的最佳时机，因此他开始大量买入棉花。奇怪的是，只要他开始买进，价格就上涨；一旦他停止买进，价格就开始回落，并且回落到他的成本价附近并较长时间停止不动。他耐不住心中的恐慌全部平仓，亏损大约3万美元，就在他平仓的同一天，棉花又开始上涨进入原来的盘整。他又在原位买入棉花多头，奇怪的是就在他刚建完仓后，棉花又进行了一波小幅下跌。他又急忙平仓，又亏损掉了3多万美元。此后五六次里，利弗莫尔前后共亏损了20多万美元。

就在他感到沮丧时，棉花期货突破了长达四个月的盘整区域拔地而起。当时利弗莫尔的描述就像看到了满地的金子，但他却没有了铁铲和推车，他的资金亏完了。

最后大师告诫人们：不要试图抓住趋势的第一段和最后一段，因为这两段行情是世界上最为昂贵的两段行情。

大多数投机者的巨额亏损大都源于在趋势底部和顶部高位震荡的搏杀，如果我们放弃在这两段行情中交易，你才能进入期货的另一个境界，你的交易绩效会大幅度提升。

几乎每一位进入期货市场的人在交易中都看过很多书籍，很多书籍上都有这么一条，那就是"放弃一浪做三浪"。但在实际交易时，如何确定三浪却往往是一个比较头痛的问题。其实只要我们在趋势完全明朗，也就是均线完全多头排列时才开始寻找机会交易，那么，虽然我们只赚取了整个行情的中间一小段，但我们远离了风险。其实，市场上的交易机会很多，每个月都会有一两个品种处在趋势明显的行情中。不过话又说回来，即使当月完全没有我们交易的机会，我们也可以停止交易，等待机会。

  关于波段的平仓问题，我告诉你们一句话，就可以大幅提高投机收益：将每一次的停顿都看成头部，先盈利局，等看明白再重新入场，这样你的操作绩效就会大大提高。

  初学者交易失败的一个主要原因就在于每次入场分不清本次到底是长线单还是短线单以及何时出场。现在很简单，只要有盈利，行情一停顿就先出来看看，不要老想着放长线钓大鱼。想想看，一次入场盈利 1000 元，10 次就是 10000 元，这还是说在操作 1 手的情况下，那么，如果你一次操作 10 手、20 手甚至 100 手，你的收益比很多高薪的工薪阶层都要高。所以，赚钱不用急，减少操作数量，提高操作质量。

  我们一定要彻底放弃战略性建仓思维，建立趋势跟随性建仓思维，要等到趋势完全明显后才入场交易。这是低风险高收益的绝佳机会，一旦手中的仓位有利润，就不要让它以亏损出局。深刻理解这句话，它会让你的绩效从 30% 提高到 60%。

  总之，只要赚到钱，不管多少，你就是赢家。

期货交易的秘密
（十二）

> 放弃震荡行情，只做趋势行情，只做最强的趋势。在趋势中交易是提高系统正确率的最好方法

在期货交易中，长线、波段和短线交易系统（包括即日交易）的盈利模式是完全不同的。长线系统的盈利模式是以不断的小额亏损来测试和捕捉大行情。通过7次亏损为1的方式来捕捉3次盈利为3的交易，那么在10次交易中，即使成功率只有30%的交易系统也可以最终达到盈利。而波段和短线交易系统，特别是日内交易系统，他们共同的盈利模式就是在盈亏比相同的条件下通过提高交易的成功率以达到持续的盈利。在10次的交易中，在盈亏比相同的情况下，至少要盈利6次以上才可以达到最终盈利。

大家都知道：按照几率，在接近无限次的交易后，随机进行任何交易的成功率都接近50%。而按照指标设置成的交易系统很少有成功率超过50%的，大多数系统的成功率甚至只有30%。如果完全按照系统信号进行短线交易，那么亏损几乎是必然的。而要想将交易成功率提高哪怕是10%都非常困难。这就是为什么短线交易高手非常难得的原因。而如何将系统的成功率提高到60%甚至90%，是短线特别是即日交易成功的关键。

K线走势只有两种：一种是趋势行情，包括上涨和下跌行情；一种是横盘震荡行情。没有任何一种交易系统可以适用于所有行情。震荡型交易系统在横盘震荡行情中表现突出，但在趋势行情中频繁出错；而趋势跟踪型交易系统在趋势行情中表现很突出，在横盘震荡行情中却会出现连续亏损。现在我们所使用的绝大多数交易系统都属于趋势跟踪型交易系统。这就导致我们交易时绝大多数的亏损都来自于横盘震荡行情，很多人的亏损就在于震荡行情中的搏杀。

凡在期货市场上交易过几年的投资者，都会有这样的感受：在趋势行情中赚钱很容易，但在横盘震荡行情中赚钱却很难。大多数的交易者往往把在趋势行情中赚来的钱在震荡行情中又还给市场。一波行情交易下来，盈利和亏损累计后常常赚不到多少钱，有时甚至还会出现亏损。很多投机者在使用小周期交易系统时始终很难度过系统的困难期，即连续亏损期。交易产生的连续亏损必然导致资金大幅缩水，操作者往往因为心力衰竭，而中断交易。其实，系统的亏损往往来自于横盘震荡。只要我们在震荡中不使用系统交易，只在趋势形成后才使用系统进行交易，这样就会大幅提高我们的交易业绩，

期货交易的秘密

提高系统的成功率。这才是系统交易成功的秘密所在。

放弃震荡，原则上就远离了风险。因为，震荡行情不符合我们的低风险对高收益的操作原则，只在趋势中交易是提高操作成功的关键。交易成功的方法有成百上千种，几乎每个成功的交易者都有他们必胜的绝技。但我们只先学会一招，即彻底放弃震荡行情，只做趋势行情，在趋势行情中我们只做最强的。这是一种大境界，技术无所谓好坏，只要能够在交易市场上持续稳定地获利就是好技术。因此我们在操作时不要贪多，彻底地运用一种正确的交易理念和一个固定的交易系统就完全足够了。先用一种方法赚到钱再说，百招会莫如一招精。

期货市场是一个巨大的金矿，只要你有能力，只要你每天能够发现机会并具有捕捉机会的能力，那么期货就是你用不完的聚宝盆。这是本书的精粹，赚大钱一定是在趋势行情中而不是在震荡行情中赚的，请投机者深思！

图 18 为指标趋势行情和震荡行情中的表现。

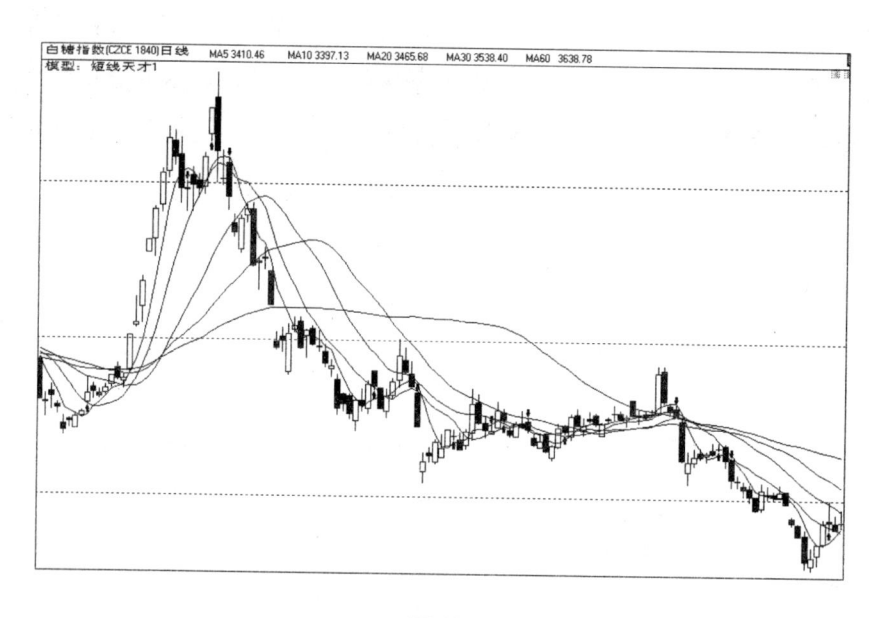

图 18

从图18中我们可以看出，亏损多出现在震荡行情中，而指标在趋势行情中几乎100%盈利。

95%的期货投机者连这么简单的道理都不知道。我在投机行业中用三年多的大量总结，所交学费不计其数，才总结出这个秘密，这就是为什么有的人做即日成功率可以达到80%以上的极大秘密。在趋势中，特别是最强烈的趋势中使用指标交易，这是提高指标成功率的唯一方法。

一个简单的指标能够产生这么大的杀伤力，关键在于谁在用，绝顶高手可以摘叶成利器，最常见的MACD可以成为市场利器。但普通投资者就是不知道其核心使用方法。

期货交易的秘密
（十三）

暴利金矿，即日交易

传说中的神仙具有点石成金的法力，人类也总梦想有朝一日自己也具有这样的金手指，能够得道成仙，点石成金。

那么学习即日操盘就是获得法力的最佳途径。即日操盘是期货中的金矿，是投资人追求的顶级的目标，这需要极其刻苦的训练，需要两到三年才能彻底熟练和精通的绝招。即日操盘是一种魔鬼操作法，它最高可以使用到总资金的50%～80%。如果通过艰苦的训练和成千上万次的实盘训练，并且具有把这件事当成事业去经营的决心，点石成金对你而言就不是神话而变成现实，你的收益就会达到你做梦也想象不到的地步。

因为你已经达到操盘的最高境界——我本神仙的境界。

但是，如果你不具备这种能力，这就是你资金快速消亡的绝佳通道。

我在这里主要讲三种即日操盘方式，你可以选择其中的一种作为自己主攻的方向。不要贪多，彻底精通一招就够了。凡成功的人，都有宗教般的专注，求专精，不求全面突出的能力。上等功夫就是只学一样，学得虽少还是觉得不少。下等功夫就是样样都学，学得再多还是觉得不够多。

下面的即日操盘方法，每种都需要残酷的训练才能达到挥指即剑的境界，妄图不劳而获是痴人说梦。

一、即日操盘第一式：日线和分钟线配合的双剑合璧

使用方法：在日线上形成明显下跌趋势时，在3分钟图表上逢高放空。在日线上形成明显上升趋势时，在3分钟图表上逢低做多。

图19左图是玉米0905日线在2008年11月25日到12月5日成明显下跌趋势时的日线图，右图是期间的3分钟K线图，当日线形成明显的下跌趋势时，在3分钟图表上我们按照指标的做空信号做空，当天开盘无信号的按照前一个指标信号开盘放空。收盘平仓。

11月25日，短线天才系统在玉米日线图表发出顺势卖空信号，而"一影随形"指标已在2008年11月24日提前发出卖空信号，因此11月25日我们在当日开盘时用3分钟图表上开始卖空交易。

下面，我们按照当日的3分钟图表详细地介绍当时的操作情况。

期货交易的秘密

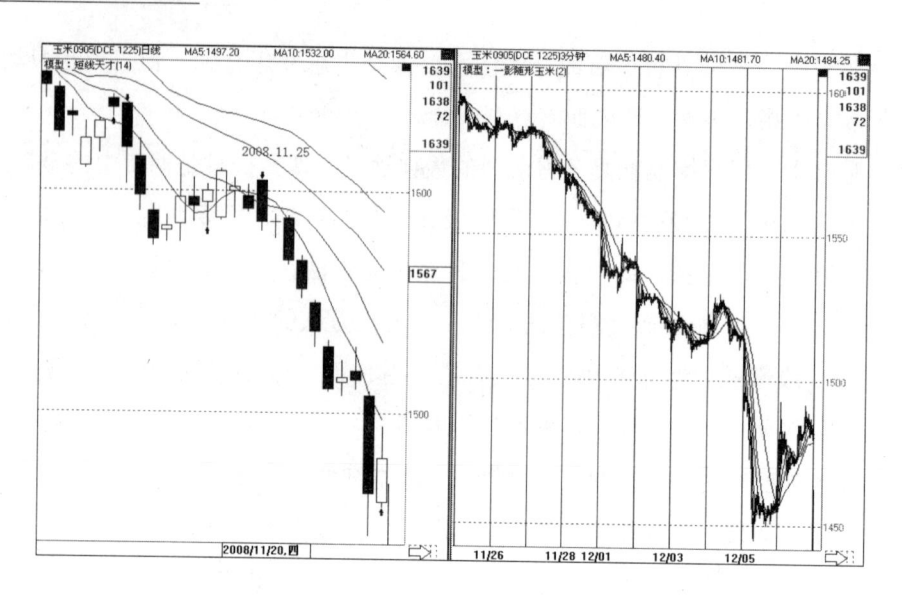

图 19

实战看盘和操作策略解析：2008年11月24日(图20)，"一影随形"指标在9:15发出做空入场信号，我们在1595卖空10手。其后出现长时间横盘，快收盘时下跌。我们在收盘时以1592平仓。扣除100元的手续费，获利200元。

实战看盘和操作策略解析：2008年11月25日(图21)，期价大幅跳空高开，在下降趋势中，跳空高开都是最好的放空位，我们严格按照"一影随形"指标在开盘放空10手，成交价1603，由于盘中没有其他交易信号，于是我们在收盘时以1586平仓，扣除100元的手续费，当日获利1600元。同时，由于收盘时短线天才交易系统在日线图表上发出卖空信号，在以后的操作中我们只做空不做多。

实战看盘和操作策略解析：2008年11月26日(图22)，由于在昨日的3分钟图表上，没有出现向上的做多信号，因此我们在开盘时仍然按照昨天的方向在1586放空10手，9:12系统发出买多平空信号，由于我们只交易单边，因此在1589平掉手中的10手空单。亏损300元。上午10:40左右，"一影随形"指标在1583发出卖空信号，我们做空10手。直到收盘时以1586平仓，亏损300元。扣除手续费，当日总亏损800元。

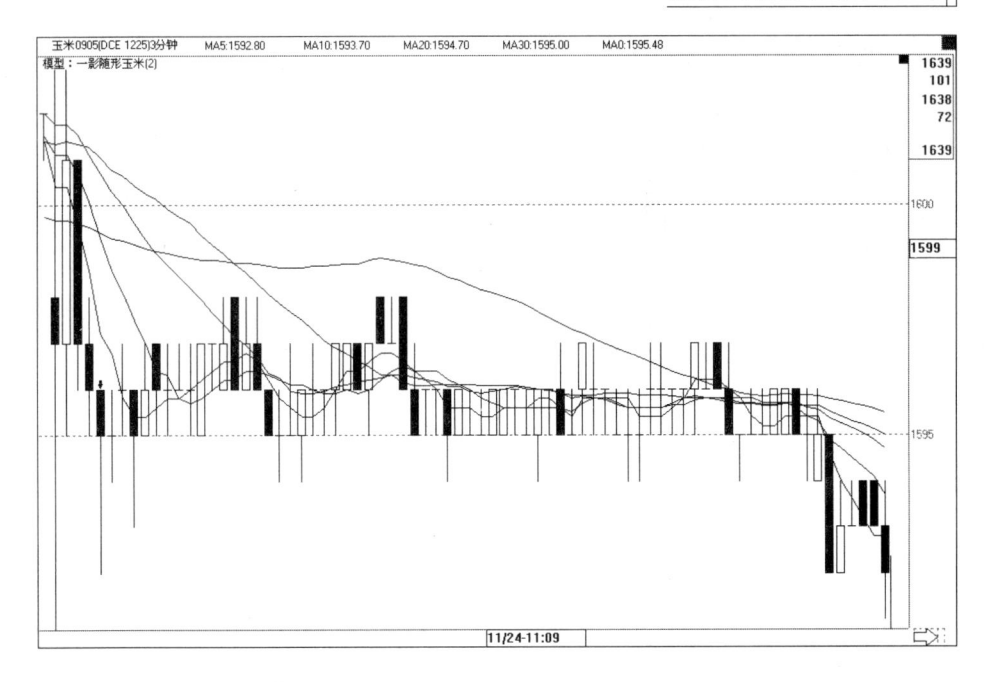

图 20

图 21

⎡期货交易的秘密

图 22

实战看盘和操作策略解析：2008 年 11 月 27 日（图 23），沿袭昨日的卖空信号，我们在开盘时以 1588 卖空 10 手，其后玉米出现一波较大的下跌行情。我们一直持仓到收盘。在收盘时以 1569 平仓。扣除手续费，当日获利 1800 元。

实战看盘和操作策略解析：2008 年 11 月 28 日（图 24），操作方向上继续沿袭昨日的卖空信号，我们在开盘时以 1568 卖空 10 手，期价在短暂的盘整后下跌。由于盘中没有其他的交易信号，我们一直持仓到收盘。在收盘时以 1556 平仓。扣除手续费，当日获利 1100 元。

实战看盘和操作策略解析：2008 年 12 月 1 日（图 25），受上周五美盘玉米收一根小阴线的影响，今日玉米小幅跳空低开，我们继续沿袭上周五的卖空信号在开盘时做空。成交价 1550 卖空 10 手，盘中曾出现大幅反弹，但我们严格遵守交易规则，一直持仓到不动。在收盘时以 1537 平仓。扣除手续费，当日获利 1200 元。

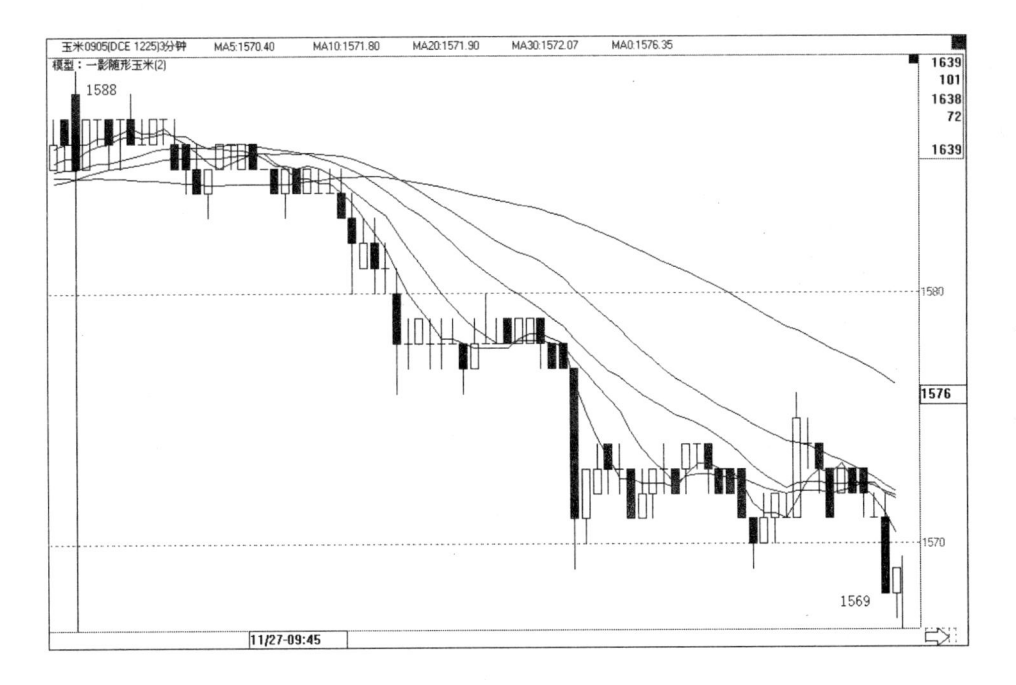

图 23

图 24

87

期货交易的秘密

图 25

实战看盘和操作策略解析：2008 年 12 月 2 日（图 26），今日玉米继续小幅跳空低开，由于这几日"一影随形"指标一直处于空头状态下，我们继续在开盘时做空。成交价 1530 卖空 10 手，在经过上午的盘整后，下午出现大幅跳水行情，几乎收在最低位。我们在收盘时以 1511 平仓。扣除手续费，当日获利 1800 元。

实战看盘和操作策略解析：2008 年 12 月 3 日（图 27），由于在昨日的 3 分钟图表上，没有出现向上的做多信号，因此我们在开盘时仍然按照昨天的方向在 1514 放空 10 手，9:06 系统发出买多平空信号，由于我们只交易单边，因此在 1517 平掉手中的 10 手空单。亏损 300 元。上午 10:57 左右，"一影随形"指标在 1511 发出卖空信号，我们做空 10 手。直到收盘时以 1516 平仓，亏损 500 元。扣除手续费，当日总亏损 1000 元。

实战看盘和操作策略解析：2008 年 12 月 4 日（图 28），由于在昨日的 3 分钟图表处于卖空状态，因此我们在开盘时仍然按照昨天的方向在 1519 放空 10 手，9:39 系统发出买多平空信号，因此在 1525 平掉手中的 10 手空单。亏损 600 元。下午开盘后，"一影随形"指标在 1515 发出卖空信号，我们做空

图 26

图 27

期货交易的秘密

图 28

10 手。直到收盘时以 1515 平仓，没有盈利。扣除手续费，当日总亏损 800 元。

实战看盘和操作策略解析：2008 年 12 月 5 日（图 29），今日玉米小幅跳空低开，我们继续沿袭昨日的卖空信号，在开盘时做空。成交价 1508 卖空 10 手，成交后期价快速下滑，我们一直持仓到收盘。并在收盘时以 1464 平仓。扣除手续费，当日获利 4300 元。

实战看盘和操作策略解析：2008 年 12 月 8 日（图 30），今日玉米跳空高开，我们仍继续沿袭昨日的卖空信号，在开盘时做空。成交价 1460 卖空 10 手，在第一根 3 分钟 K 线收盘时"一影随形"指标发出平空做多信号，我们在 1465 平仓。扣除手续费，亏损 600 元。

2008 年 12 月 8 日收盘时，日线图上短线天才指标发出做多信号。我们的一个波段就算告一段落。11 个交易日共获利 8800 元。

期货交易的秘密(十三)

图 29

图 30

二、即日操盘第二式：浮动仓位操盘法

许多人都以为即日超短线操盘需要交易系统有很高的正确率，其实这是一种误解。本即日操作法不需要很高的正确率，它采用浮动仓位的资金管理来达到盈利的目的。具体的使用方法是(以5万元资金做白糖为例)：初始开仓1手，如果本次操作盈利，下一次仍然开仓1手；如果本次操作亏损，下一次开仓加1手，即开2手，如果第二次仍然亏损，第三次开仓3手，以此类推，直到完全弥补前面的亏损，就又回到开仓1手。这样，可以使资金极快速地增值。

下面我们以白糖0905在2008年12月25日当天的交易为例加以说明(图31)(↑代表买多，↓代表卖空，→代表平仓。手续费按照单边20元/手计算，且当日平仓只收单边手续费)。

实战看盘和操作策略解析：2008年12月25日(图31)1分钟图表上，白糖0905在9:03发出买多信号，我们按照系统信号买多1手，成交价3060。其后期价快速上冲，然而我们没高兴多久，价格就快速回落。我们在3061几乎打平出场。由于扣除手续费亏损10元，于是我们在该价位反手卖空2手。这一次几乎卖到最低位，系统在价格上冲到3076时发出平空买多信号，由于本次操作仍然亏损，我们买入3手。期价出现了一个向上假突破后又快速下跌，"一影随形"指标在3060发出卖空信号，我们又以亏损平掉3手多单重新放空4手。这一次比较幸运，卖空后价格大幅下滑，直到收盘时我们以收盘价2964平仓。

全天共交易4次，3次亏损，1次盈利。操作期间紧紧跟随趋势走势，即做多又做空。我们只是通过资金的调节，在只盈利1次的情况下，却达到全天大幅盈利。扣除手续费，当日总盈利2940元。统计见表4。

表 4

	开仓价	平仓价	开仓手数	盈亏(元)	手续费(元)	实际盈亏(元)	累计
1	3060↑	3061→	1	10	20	−10	−10
2	3061↓	3076→	2	−300	20	−340	−350
3	3076↑	3061→	3	−450	20	−510	−860
4	3061↓	2964→	4	3880	20	3800	2940

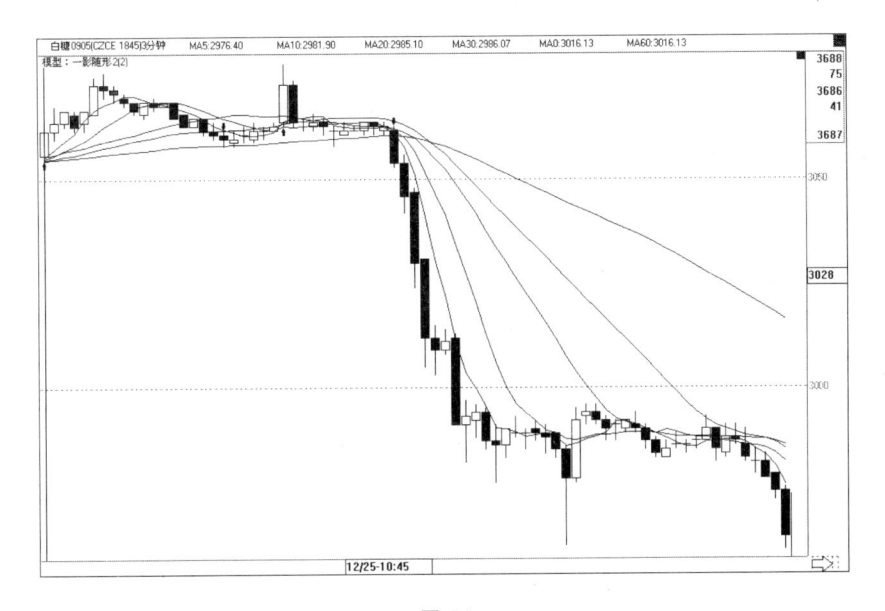

图 31

下面我们再以 2008 年 12 月 19 日玉米 0905 当日交易为例加以说明，首次开仓 2 手。

实战看盘和操作策略解析：2009 年 6 月 5 日(图 32)1 分钟图表上，玉米 1001 在 9:00 发出买多信号，我们按照系统信号买多 2 手，成交价 1683。其后价格就开始回落。我们在 1675 微亏出场。由于本次亏损，于是我们继续加大仓位在该价位反手卖空 4 手。下午 13:39 左右系统在 1664 时发出平空买多信号，由于本次操作仍然盈利，因此我们在 1664 买入 2 手，1662 平多开空 4 手，下午 13:47 系统提示平空并开多，由于本次操作仍然亏损，我们买入 6 手，价格 1664。其后期价不涨反跌，我们在 14:07 平多开空 8 手，价格

93

期货交易的秘密

1662。在收盘时以收盘价 1652 平仓，扣除手续费，当日获利 540 元，统计见表 5。

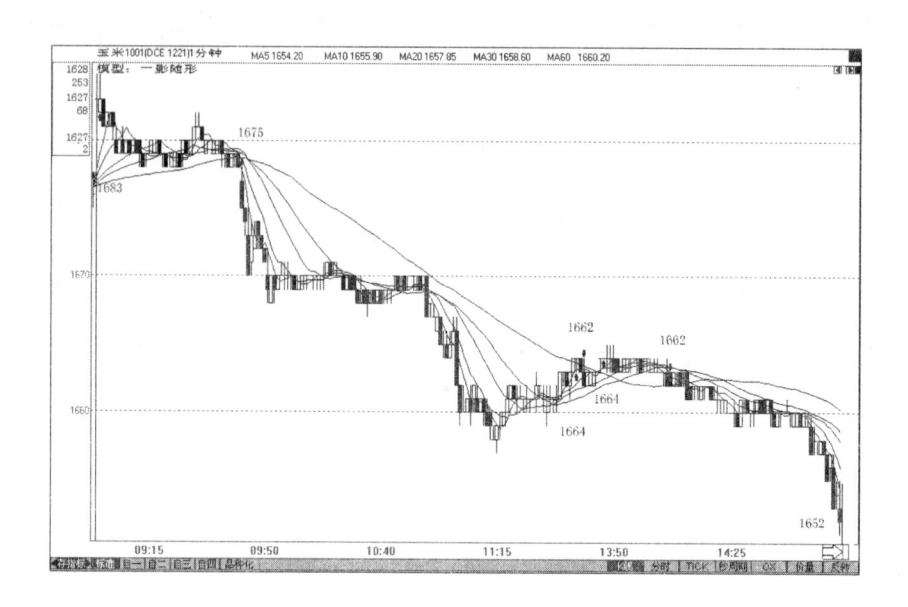

图 32

表 5

	开仓价	平仓价	开仓手数	盈亏（元）	手续费（元）	实际盈亏（元）	累计
1	1683↑	1675→	2	-160	20	-180	-180
2	1675↓	1664→	4	440	40	400	220
3	1664↑	1662→	2	-40	20	-60	160
4	1662↓	1664→	2	-40	20	-60	120
5	1664↑	1662→	4	-80	40	-120	0
6	1662↓	1652→	6	600	60	540	540

为使读者能够完全掌握这种方法，我们以玉米1001在2009年6月4日、6月5日和6月8日连续3天的交易情况详细加以说明。

实战看盘和操作策略解析：

2009年6月4日(图33)1分钟图表上，玉米1001在9:00发出买多信号，我们按照系统信号买多2手，成交价1679。其后价格稍微反弹就开始快速下跌。我们在1676系出现卖空信号时平多并开空4手。本次交易亏损60元。次后再没出现交易信号，于是我们按收盘价1676处平仓。扣除手续费，当日亏损120元。

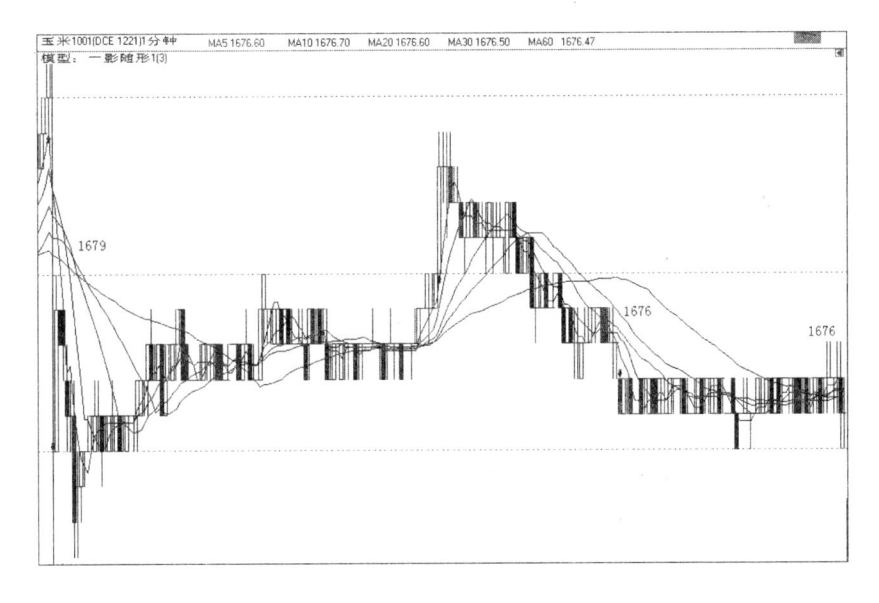

图33

实战看盘和操作策略解析：

2009年6月5日(图34)1分钟图表上，玉米1001在9:00发出买多信号，由于昨天仍然亏损，因此我们继续加仓，买多8手，成交价1683。系统在1675处出现平多卖空信号，我们亏损640元平多，开空10手。此后再没出现交易信号，于是我们在收盘时以收盘价1653平仓。扣除手续费，当日盈利2020元。

期货交易的秘密

图 34

实战看盘和操作策略解析：

2009年6月8日（图35）开盘，我们沿用昨天的做空信号在开盘价1642卖空，由于昨天已完全补回以前的亏损，于是我们在该价位卖空2手，成交价1642。盘中没有出现任何系统信号，于是我们在收盘时以收盘价1624平仓，扣除手续费，当日盈利160元。

图 35

三、即日操盘第三式：定式交易法

这是完全按照固定指标和固定系统规则进行操作的一种定式交易法。凡符合定式的走势，我们就入场交易。盘中设置一定的止盈和止损。

对于该方法我们不做详细的说明，投资者应该按照自己的方法确定止损和相应的止盈策略。

图 36 至图 38 三幅图是白糖 1001 在 4 月 9 日、4 月 10 日和 4 月 11 日的交易进行情况。投资者可以自己研究和体会。

期货交易的秘密

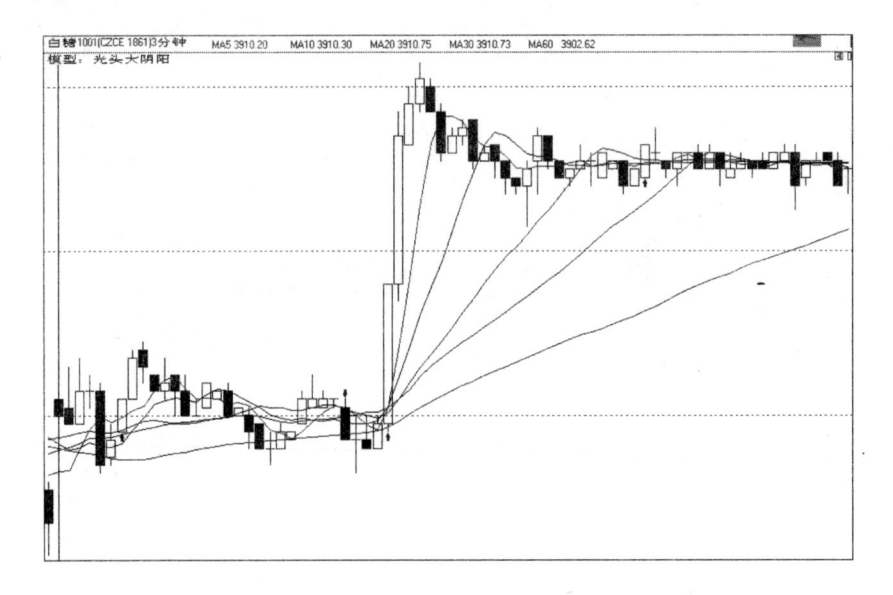

图 36

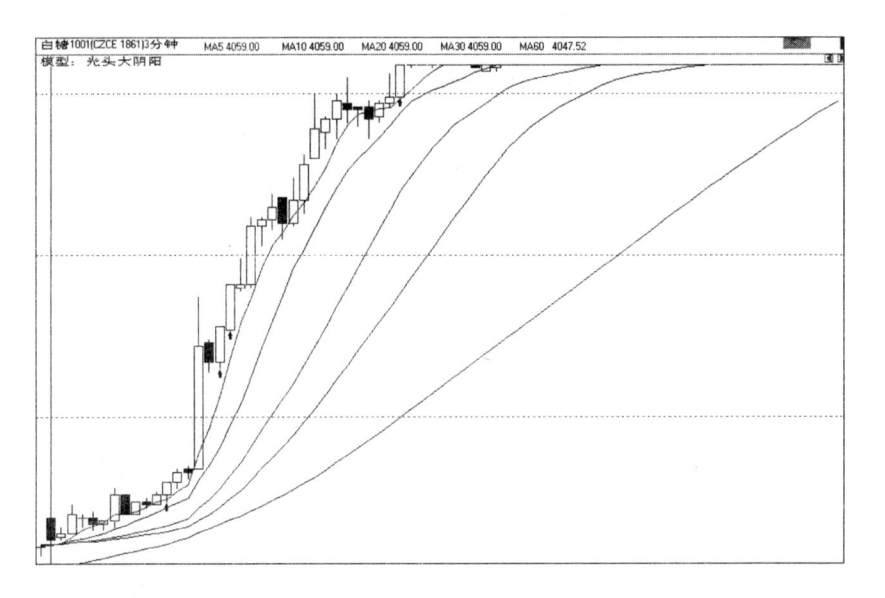

图 37

98

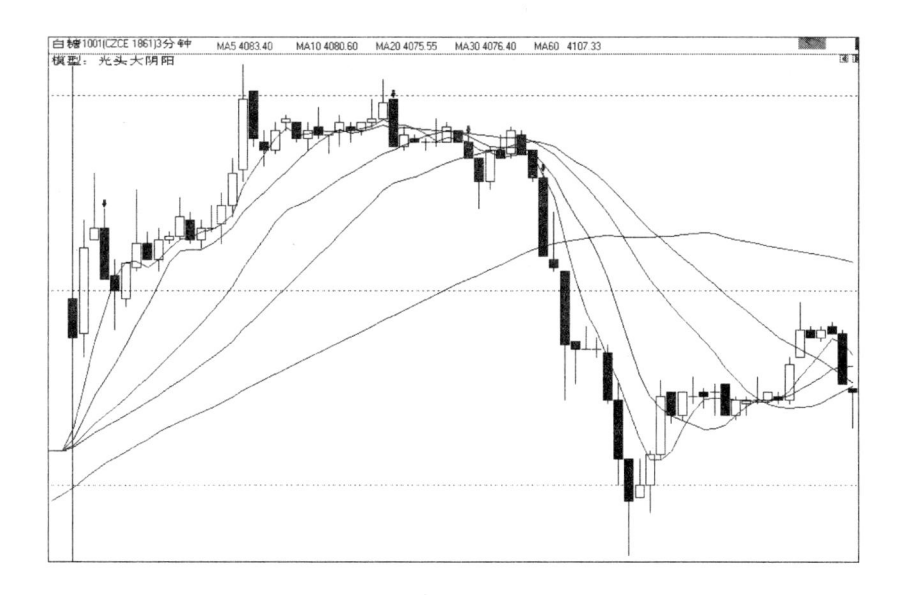

图 38

期货交易的秘密
（十四）

投资其实是一种耐心，
弯路往往是最近的捷径

快速致富是每个投资者强烈的愿望，许多初入投机市场的投资者希望快速致富，这种浮躁的心态往往欲速则不达。

在我看来，绝大多数来做交易的人是不可能在交易领域成功的。我越是接触更多的交易者，越加深了我这一认识。最根本的问题是出在一种急功近利的心态上。相信大家都知道减肥需要多运动，比如说跑步。1000个需要减肥的人里面，能把跑步运动坚持三个月的，不会超过100人，能够坚持半年的往往不超过10人，而长期坚持下来的，简直就是凤毛麟角。从根本上来说，绝大部分人对知识就是抱有同样的态度。如果认真提出问题，这些人回答不出任何经过深思熟虑的东西。对知识的一知半解，就是源于急功近利的心态。但无论是掌握知识，还是做交易，这都是一个欲速则不达的领域。

在我刚进入金融投资的前几年，幸运的得到了一套年收益为50%的豆泊交易系统。虽然现在看来这套系统的收益较差，但在当时却是我现有系统中最好的交易系统。这套系统要求每10000元才能交易1手，并且年内不能加仓，每年年初按照投资资金调整当年的交易仓位。但我总是信任满仓暴利才是期货的发财之道，只要碰对了一次机会，那资金就会在极短的时间内翻倍。因此我不顾系统的使用要求，每次重仓甚至满仓操作。也许是新手运气特别好，我刚好碰到一波豆泊的大行情，经过几次交易以后，在短短的一个月内我的资金增长了50%。看着我的师兄弟们那点微薄的收益，我简直觉得自己就像乌龟群里的兔子。但一年过去了，两年过去了。当我的资金还在起点附近波动的时候，我的师兄弟们的资金却早已达到110%。这不能不引起了我深深的思考，按聪明他们许多人不如我，论技术分析、行情判断和机会的把握，他们都不如我，而且年内的所有趋势行情我无一例外地全部抓到了，但为什么我们的权益波动幅度却有着天壤之别？通过更深层次的分析后我才发现：我资金的慢速主要来自于几次趋势后横盘产生的资金大幅回撤，这是重仓交易的必然结果。

试想，如果本金亏损10%，你必须要盈利11%才能打平；本金亏损50%，要盈利100%才能打平。期货行业不是一个盈亏比相等的行业。我的豆泊交易系统如果完全按照要求操作，最大的资金回撤率只有20%，但在我的重仓操作

期货交易的秘密

下,最大的资金回撤竟然高达70%还多,这时要想扳平就必须盈利330%,这几乎是不可能的事了。

童话里有一则大家都耳熟能详的故事:龟兔赛跑。在这个故事里,爬得最慢的乌龟最终赢得了胜利,而跑得快的兔子却输掉了比赛。以前我总以为这只是作者天方夜谭般的杜撰,现实生活中不可能发生类似的事情。直到现在,我才逐渐懂得投资的最终胜利不在于速度快慢,而在于稳。投资其实是一种耐心,弯路往往是最快的捷径。慢慢爬,你永远都有机会,而惨败一次,你就爆仓出局了!满仓或者重仓操作,虽然有时赚得畅快淋漓,但最终却必然输掉未来。

其后,我用3年多的时间进行了大量的检讨和总结。一晃5年过去了,想想当初如果不走弯路,完全按照系统操作。现在的收益:按照当初的50000元起始资金计算,第一年盈利25000元,第二年盈利35000元……到第五年年收益可达120000元,总资金达39.8万,是本金的将近8倍。而现在5年后的实际却是资金毫无长进。

5年的时间,对一个人来说说长不长,说短不短。当我想走捷径时,使用重仓交易,结果却在原地徘徊地绕了一个大圈,而我的师兄弟们却看似在走弯路其实却是最近的捷径。

期货上长期稳步赚钱很难吗?不难,甚至可以说是太简单了。只要你完全按照系统要求进行操作就可以了。

期货上长期稳步赚钱很难吗?很难,因为绝大多数的人摆脱不了暴利的诱惑和人性的贪婪。

几乎所有的投资者都有过在金融行业中赚钱的经历,如果每位投资者都能完全按照一套良好的交易系统进行操作,那么他就一定能够在市场上赚钱。金融投资行业最难的不是系统,而是难在你不知道以什么样的速度去赚钱,如何正确评估自己的赚钱能力。找到适合自己的赚钱速度,才是在期货稳步赚钱的核心。

长期稳定的获利能力和资金复利的巨大魅力,是成就期货大师的核心机密。期货交易不在于短时间的暴利,而在于有无复利的投资能力。表6为每年获利100%的复利投资收益情况。

表6

年　份	年回报率	累计回报率	年　份	年回报率	累计回报率
1	100%	200%	7	100%	12800%
2	100%	400%	8	100%	25600%
3	100%	800%	9	100%	51200%
4	100%	1600%	10	100%	102400%
5	100%	3200%	11	100%	204800%
6	100%	6400%	12	100%	409600%

从表6中我们不难发现，即使最初我们只投资区区的1万元，按照复利的投资结果12年后也有4000多万元。有多少人能够在12年的时间内凭借区区的1万元创造出4000万的利润。这是投资行业的金融魔术师，就像华尔街投资大师巴菲特一样。而期货行业每年一倍的交易系统可以说不难找到，但有多少人只满足于一年一倍的利润。很多人在贪婪地追求着3个月，甚至一个月翻倍的交易结果，却全然不顾自己的交易能力。其结果往往是年终没有多少盈利，有的甚至以亏损告终。这正应了一句老话：欲速则不达。

良好的交易结果必然建立在正确的投资理念上，所有有志于投身金融行业的投资者都必须明白一个耐人寻味的道理：投资，较量的是一个人的耐心；弯路，往往是收益最快的捷径。

期货交易的秘密
（十五）

执行力就是能力，将知识锤炼成能力

在前面的各章节里，我们详细讲解了金融投资的投资知识和正确的交易理念，所有这些都是投资者通向百万富翁之路的重要工具。只要你能完全理解书中的交易系统和交易理念，并能严格自律地遵守执行，那么书中的任何一种投资方法都可以将你带入人生事业的巅峰，让你完全脱离经济的约束。可以毫不夸张地说：这是一本成为百万富翁甚至是千万富翁的成功秘籍。

但是，光有这些知识还不能够保证你最终成为富翁，因为知识本身并没有什么价值，对知识的正确应用才可以产生价值。投资本身就是一门技能，是一门需要在实践中大量训练才可以掌握的技能。只有你经过刻苦的研究和成千上万次的训练，才能达到挥指成剑的境界。金融界有一句俗语：秘籍也要人来练。

绝大多数的投资者对于自己已经掌握了必要的投资知识却还不能盈利充满了困惑！学了那么多理论，掌握了那么多知识，为什么依然不能成功？一个最重要的问题就出在你自己的身上，那就是你只说不练，没有完善自己的执行力。深刻地理解下面一句话：掌握知识不叫能力，掌握执行力才是真正的能力。任何一个成功的人都知道：光有知识是远远不够的，我们还必须具备运用知识的能力。很多人交易失败的原因就是虽然知道，但是做不到。从知道到做到还有孙猴子一个跟头的距离。

有一家企业对公司在规模达到一定的程度后再也提升不了业绩感到极度困惑，因此他们请来了一位美国当时最著名的 CEO，给公司高层讲解如何突破瓶颈，使公司快速发展。但这位著名的 CEO 的授课内容却使公司领导大为失望，因为课堂上所讲的内容都是一些很基本的管理学原则，这些内容甚至可以在很多的管理学书籍上找到，这些人人都知道的简单原则显然不是问题的症结。课后，公司领导就这个问题咨询了这位著名的 CEO：为什么你们能够用这么简单的管理原则就可以使那么庞大规模的企业平稳发展，而我们却不能呢？这位 CEO 回答：这是因为你们虽然知道，但是你们做不到，而我们不但知道而且能够做到。

一家成功的企业，商业模式占 20%，市场机遇占 30%，剩下的 50% 则是企业的执行力。没有独特的商业模式和良好的市场机遇，企业很难获得成功。

| 期货交易的秘密

但最终让企业做大并发展成为优秀乃至卓越的公司，一定是因为它的执行力。勤奋练习就是保证企业执行力的最重要的因素。

那么如何提高自身的执行力？简单地说，就是少说多练，形成习惯。一个简单的动作，只有不停地练习，才能达到熟练甚至熟能生巧的理想状态，最终形成自己的绝招。这就像学开车，刚开始的时候由于生疏，在开车的过程中需要大脑和手脚的不断配合，随着时间的推移，久而久之，就会熟练并形成习惯。这时候开车就完全是在一种无意识的状态下的动作。操作也是这样，刚开始需要我们不断练习如何和系统之间相互熟悉、相互配合。通过不断的实践和练习，当我们在交易时处于一种完全无意识的动作时，这说明你已经和系统达成默契，只有到这个时候，你才能达到长期稳定的获利。什么是高手，把简单的招式练到极致就是高手。只要严格按照系统操作不变形的执行力才是我们赚钱的终极能力。

美籍华人网球明星张德培在练习网球的时候，往往为了一个扣杀的动作就重复成千上万次。一个真正的神枪手每年要打几十万甚至上百万发子弹，单单一个简单地瞄准动作就要练习整整一两年的工夫，好几万次的不断重复才能练好。而我们许多的投资者却希望完全不用练习就拿枪上战场，亏损几乎是必然的。

习惯的养成一般需要 21 天。而养成习惯最困难的往往是在最初的 7 天，这是因为在最初的 7 天里我们必须先改变自己原有的旧习惯，重新形成一个新的习惯。而改变惯性需要很大的决心和毅力。只有坚持度过这看似漫长的 21 天，你就形成了一个良好的交易习惯，即无意识的执行力习惯。只有形成习惯的动作，你操作起来才不会感到困难，才能得心应手。经常要做的一件事情，仿佛很简单，动作起来也很自然。这就是习惯的巨大力量。投资者的执行力也就是在形成习惯中逐渐提高以至于达到持续稳定的获利状态。

永远不要把赚钱放在第一位，这是一个企业最主要的原则之一。只要把操盘技能练熟练好，至于赚钱和回报，那是水到渠成的事，只有把技术练好了，才可以持续、稳定地赚钱。将交易重点从赚钱转移到练兵上来。

一定要把知识锤炼成自己挥指成剑的能力。

期货交易的秘密
（十六）

开仓位置决定持仓的长短

在我的职业操盘生涯中，曾经有过一段非常黑暗和迷茫的时期，那就是对每次操作到底持仓长短的困惑。

很多时候当我的仓位在拥有巨额利润的情况下，却由于不知道持仓长短，没有能够及时平仓，导致利润大幅回撤。又或者因为我在仓位只有蝇头小利时选择匆匆平仓，眼看着期价飞速上涨却无能为力。

如果你和我一样是沉浸在实盘交易中的投资客，相信你一定会和我有同样的经历。

想想看，有多少次我们想拿长线却在转势回调中败北。当我们想持有短线时却因为过早平仓而错过大赚的机会。

上述经历彻底打乱了我的节奏，让我在交易中无比的迷茫。做短线吧，却怕丢掉长线巨大的利润，做长线吧！又怕将原本可以获利的仓位变成亏损。每次操作都困惑于到底是做长线还是做短线的选择中。心理的不清晰导致操作和心态上极度不稳。

在经过长时间的研究和总结后，我终于发现了持仓长短的秘密，那就是：开仓位置决定持仓的长短。

一、如果你处在大趋势转折的初期，应做长线，并顺势加仓

当我们有幸处于大趋势转折的初期时，千万不要轻易为蝇头小利而选择平仓出局。因为后面还有巨大的利润在等着你。一年当中，只要你能够捕捉到一两次这样的大行情，并拥有极大的耐心持有，你就会享受到抓住大波段利润的震撼。

如何判断行情处于大趋势转折的初期，方法很简单，那就是：MACD 零轴上两次以上高位死叉，我们就选择开长线空仓。多仓则相反。详见图39。

如果你能从大趋势转折的初期一直持仓到波段的末期(图40)，你就能获得巨额的利润。如果我们在该做长线的时候却选择做短线，那么我们肯定赚不了大钱。

期货交易的秘密

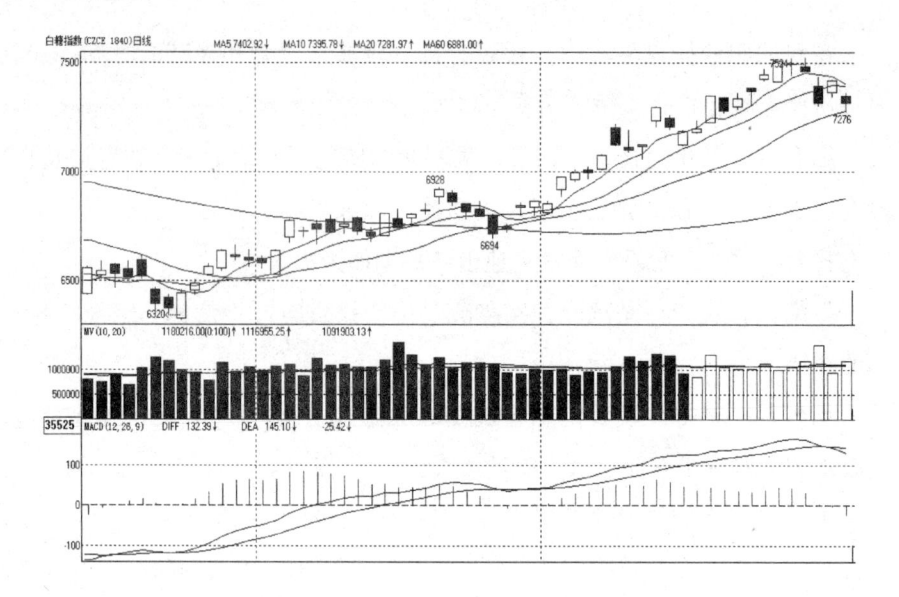

图 39

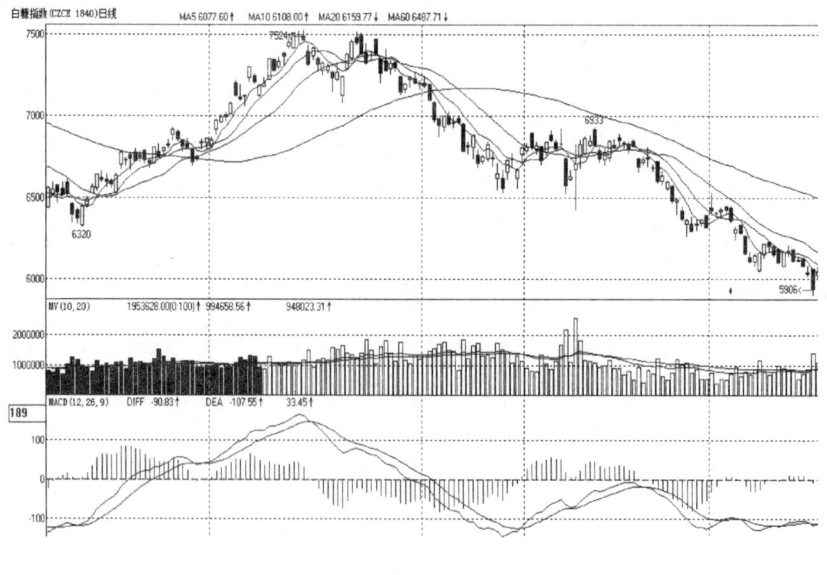

图 40

二、 如果你处于大趋势的中期，应做中线

如果行情在日K线上已经出现了第一波明显的下跌，进入到暂时的横盘震荡区域(图41)，这时候很多投资者往往困惑于此时行情到底是一波大跌行情的中继还是一波转折行情的初期。这时就需要我们用周MACD进行判断。如图41所示，在第一波下跌后的横盘震荡时，周线的MACD才刚刚死叉，说明此时日线上所处的位置是一波大跌行情的中继行情。我们可以在这个位置大胆地逢高放空，做足中线。后来的走势如图42所示。

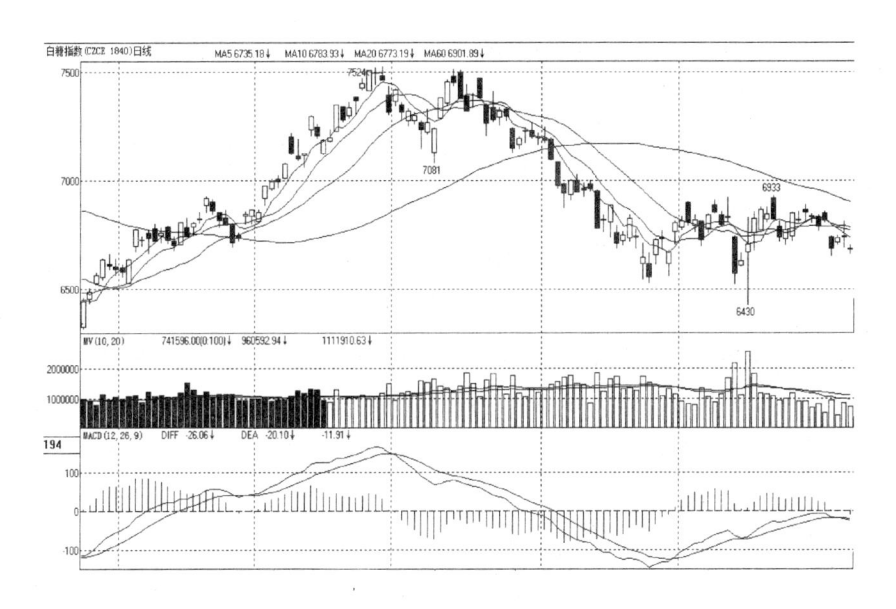

图 41

期货交易的秘密

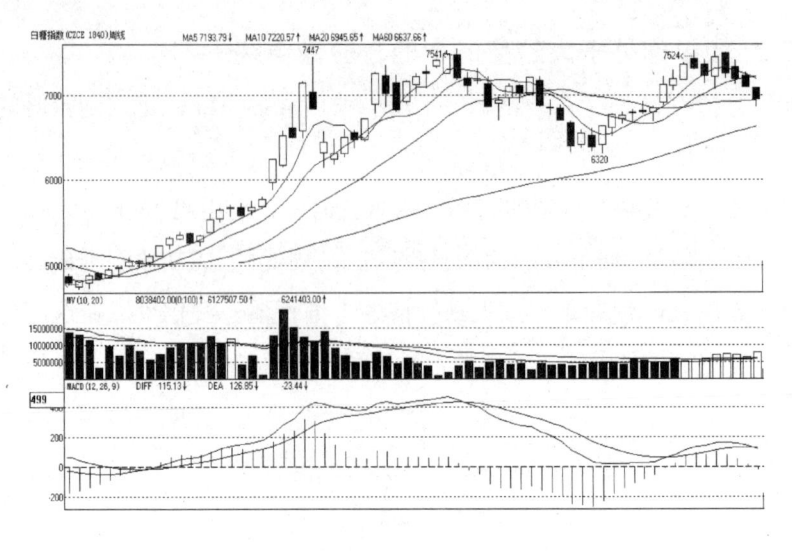

图 42

三、如果你处于大趋势末期，请做短线

如果行情在日K线上已经出现了两次以上明显的下跌，期价远离MA60均线，并且MACD在零轴以下出现两次以上低位金叉（图43），我们就做短线，甚至日内交易。因为这是一段特别危险的行情，向下空间不大，而且存在转势的巨大风险。

图 43

四、如果你处于一段趋势行情中的一小段趋势行情的初期，不妨耐心做一个小短线，但要注意只是一个小波段

如图 44 所示，最后的 K 线位置正好处于一个大波段的中部，但同时符合我们前面所讲的关键点交易法的起点，是一个小波段的开始。因此我们可以大胆开仓做一个小短线。后续走势详见图 45。

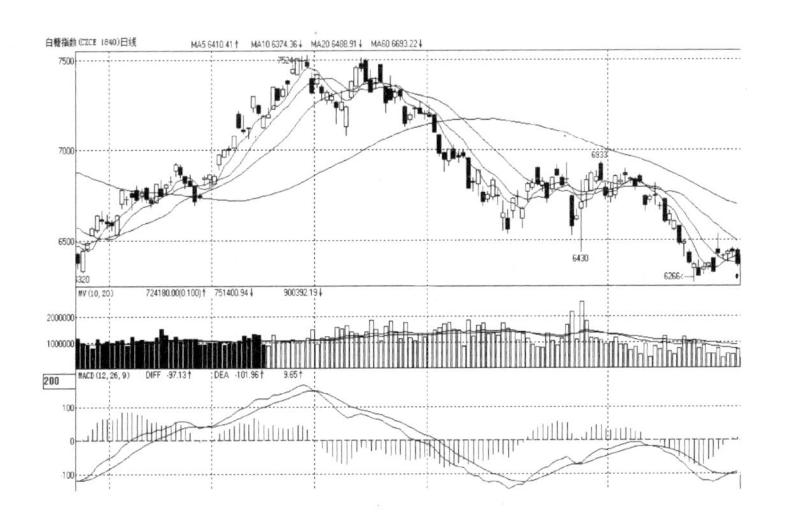

图 44

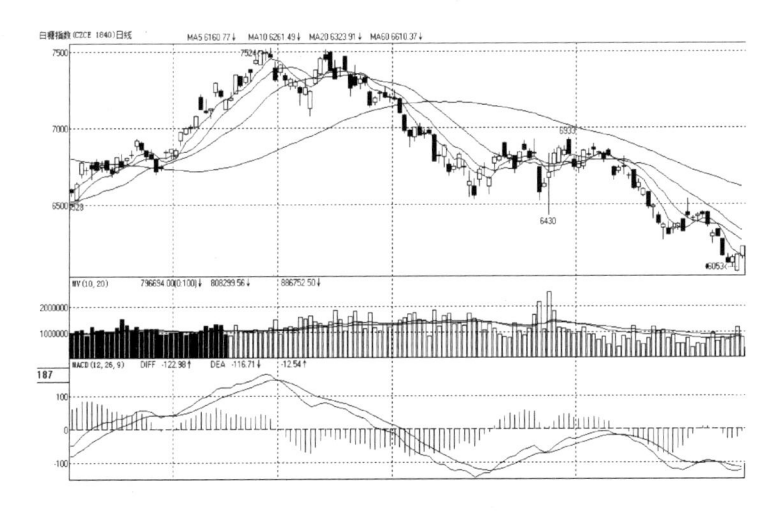

图 45

| 期货交易的秘密

五、如果你处于一小段趋势的中、末期，只能做日内交易，千万不能做波段

如图 46 所示，K 线正处于趋势行情中的中、末期，这时候我们能操作的只能是日内交易，而不应该做波段，留隔夜仓。

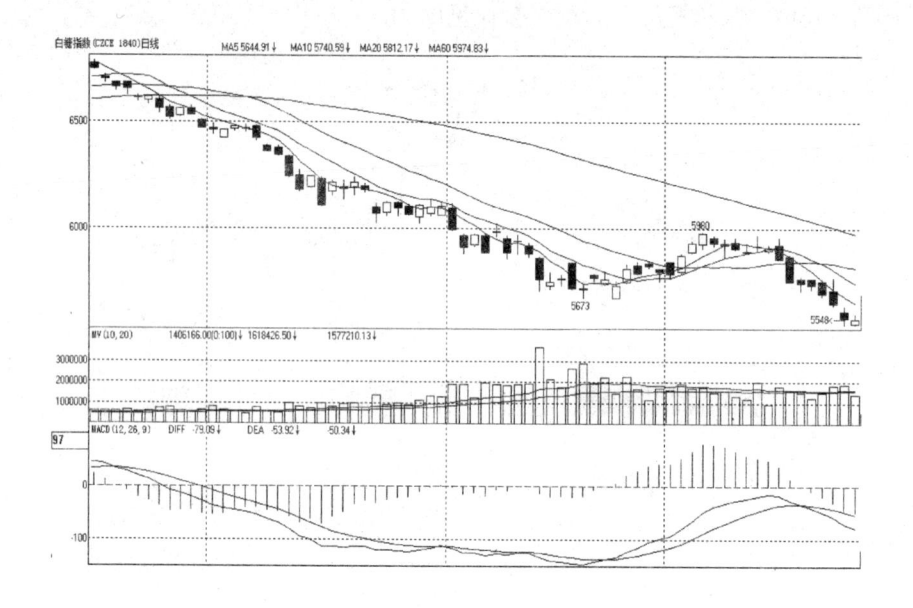

图 46

附录 1

即日操盘白糖0909两个月实战图谱

下面，我们以一个极其简单的即日交易系统来说明白糖即日交易的详细操作，以5万元固定10手交易。资金使用率 3200×8%×10/50000＝51.2%。

1. 短线交易秘诀指标

TMP:=OPEN-CLOSE;

DRAWLINE(TMP>0.00001,HIGH,TMP>0.00001,OPEN,COLORCYAN);

DRAWLINE(TMP>0.00001,LOW,TMP>0.00001,CLOSE,COLORCYAN);

DRAWLINE(TMP<-0.00001,HIGH,TMP<-0.00001,CLOSE,COLORRED);

DRAWLINE(TMP<-0.00001,LOW,TMP<-0.00001,OPEN,COLORRED);

DRAWLINE(ABS(TMP)<0.00001,LOW,AB(TMP)<0.00001,OPEN,COLORWHITE);

DRAWLINE(ABS(TMP)<0.00001,HIGH,ABS(TMP)<0.00001,OPEN,COLORWHITE);

STICKLINE(TMP>0,OPEN,CLOSE,COLORCYAN,0);

STICKLINE(TMP<=0,OPEN,CLOSE,COLORRED,1);

Z:=ABS(REF(HIGH,1)-REF(LOW,1));

Z1:(OPEN-Z);

Z2:(OPEN+Z)。

2. 使用方法

即时价格上穿上轨线买多，收盘平仓；即时价格下穿下轨线卖空，收盘平仓。

当然，为了简化起见，这里只使用简单的交易方式，但在我们的实际应用中，我们会通过设置合理的止损和一定的过滤方式大大地提高系统的成功率和盈利率。

3. 即日交易详解

|期货交易的秘密|

实战看盘和操作策略解析

2009年1月5日(见图47最后一根K线)，白糖即时价格向下穿越下轨的3006，我们在3006卖空10手，成交价3006。在收盘时以收盘价2998平仓，当日总获利800元。

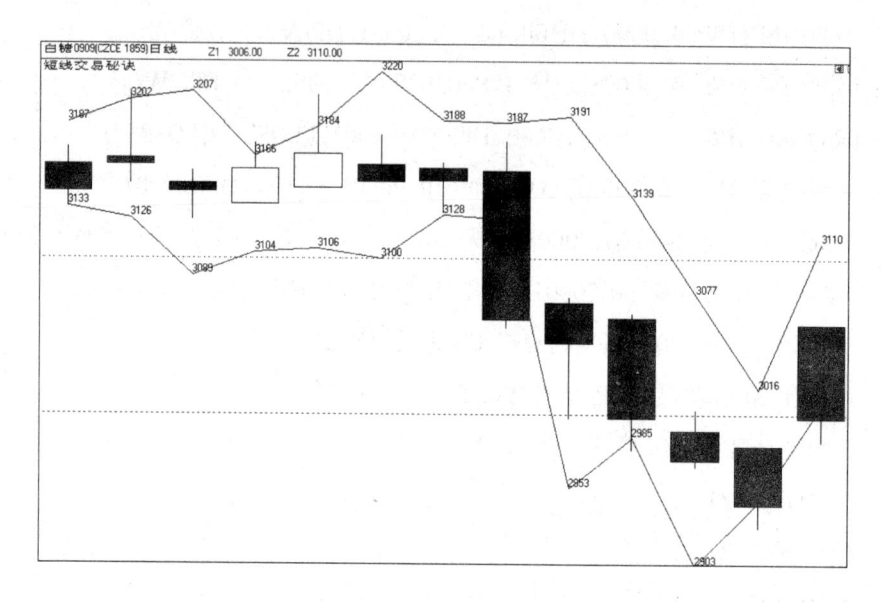

图 47

实战看盘和操作策略解析

自从2009年1月5日交易以后，系统一直没有出现交易信号，直到2009年1月12日(图48最后一根K线)，白糖即时价格向上穿越上轨的3036，我们在3036做多10手，一直持仓到收盘并以收盘价3104平仓，当日总获利6800元。

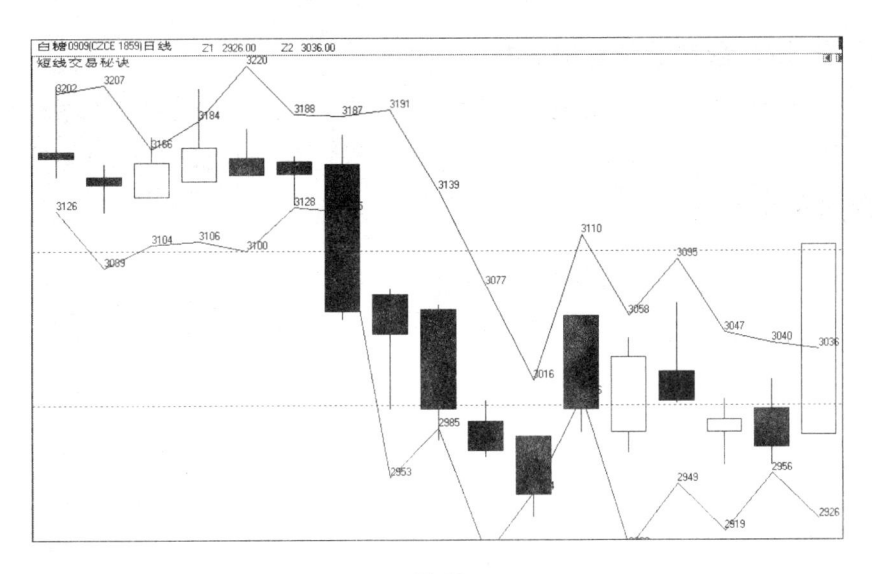

图 48

实战看盘和操作策略解析

2009 年 1 月 14 日，系统重新出现交易信号（见图 49 最后一根 K 线），白糖即时价格向上穿越上轨的 3168，我们在 3168 做多 10 手，一直持仓到收盘并以收盘价 3216 平仓，当日总获利 4800 元。

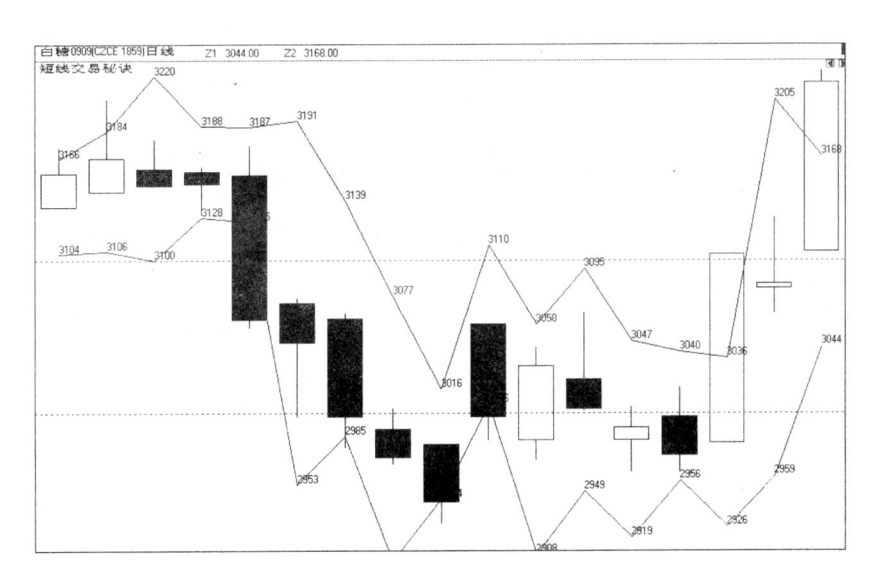

图 49

期货交易的秘密

实战看盘和操作策略解析

2009年1月20日（见图50最后一根K线），白糖即时价格向下穿越下轨的3160，我们在3160做空10手，一直持仓到收盘并以收盘价3129平仓，当日总获利3100元。

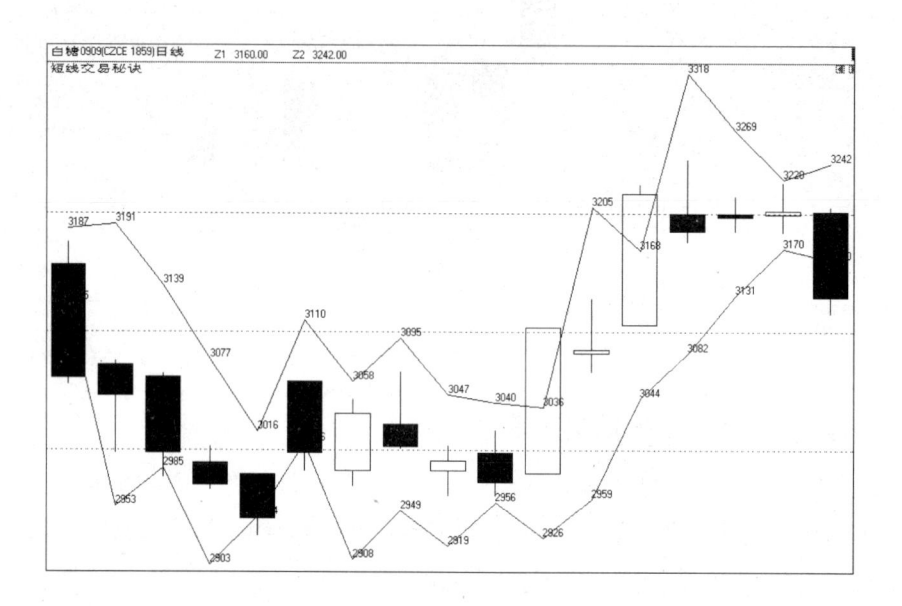

图 50

实战看盘和操作策略解析

2009年1月22日（见图51最后一根K线），白糖即时价格向上穿越上轨的3170，我们在3170做多10手，一直持仓到收盘并以收盘价3153平仓，当日总亏损2500元。

2009年1月交易情况汇总：一月份总交易5次，盈利4次，亏损1次，成功率80%。总收益13000元。

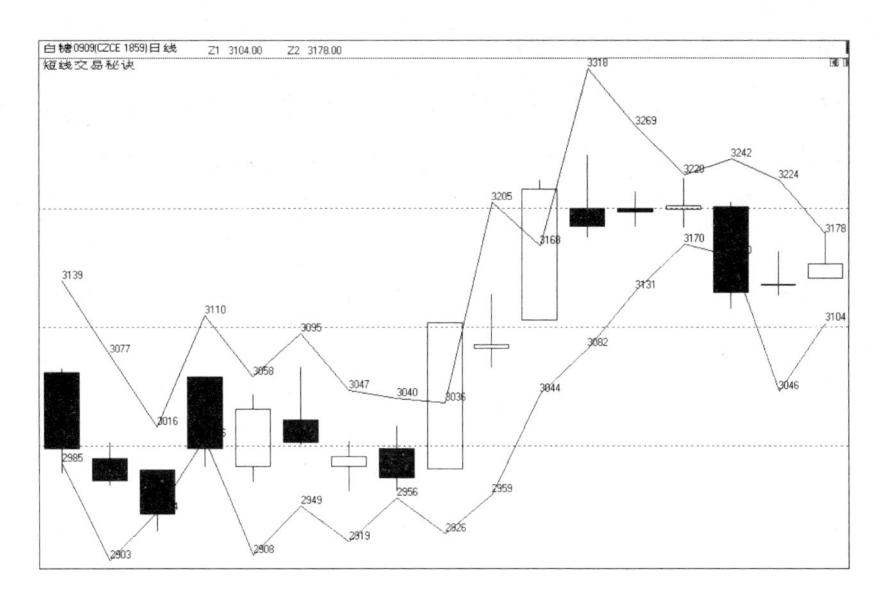

图 51

实战看盘和操作策略解析

2009年2月2日，系统重新出现交易信号（见图52最后一根K线），白糖即时价格向上穿越上轨的3182，我们在3182做多10手，一直持仓到收盘并以收盘价3210平仓，当日总获利1900元。

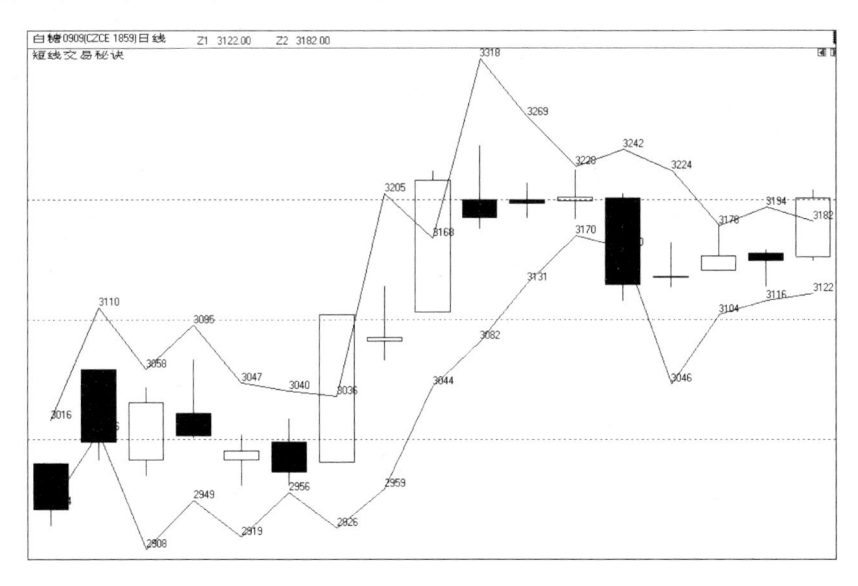

图 52

实战看盘和操作策略解析

2009 年 2 月 3 日（见图 53 最后一根 K 线），白糖即时价格向上穿越上轨的 3264，我们在 3264 做多 10 手，一直持仓到收盘并以收盘价 3263 平仓，当日总亏损 100 元。

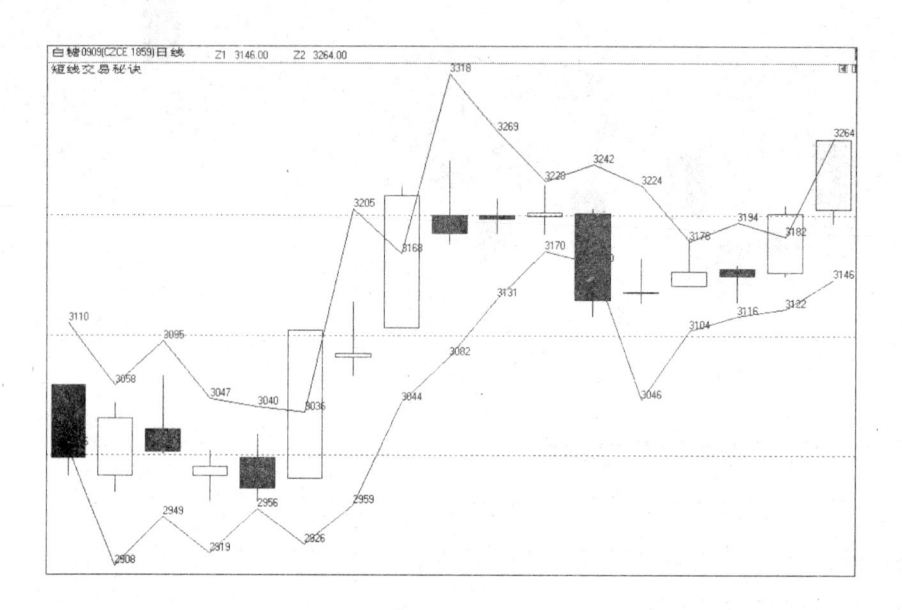

图 53

实战看盘和操作策略解析

2009 年 2 月 6 日，系统出现买多交易信号（见图 54 最后一根 K 线），白糖即时价格向上穿越上轨的 3313，我们在 3313 做多 10 手，一直持仓到收盘并以收盘价 3373 平仓，当日总获利 6000 元。

实战看盘和操作策略解析

2009 年 2 月 12 日（见图 55 最后一根 K 线），白糖即时价格向上穿越上轨的 3486，我们在 3486 做多 10 手，一直持仓到收盘并以收盘价 3499 平仓，当日总获利 1300 元。

附录1

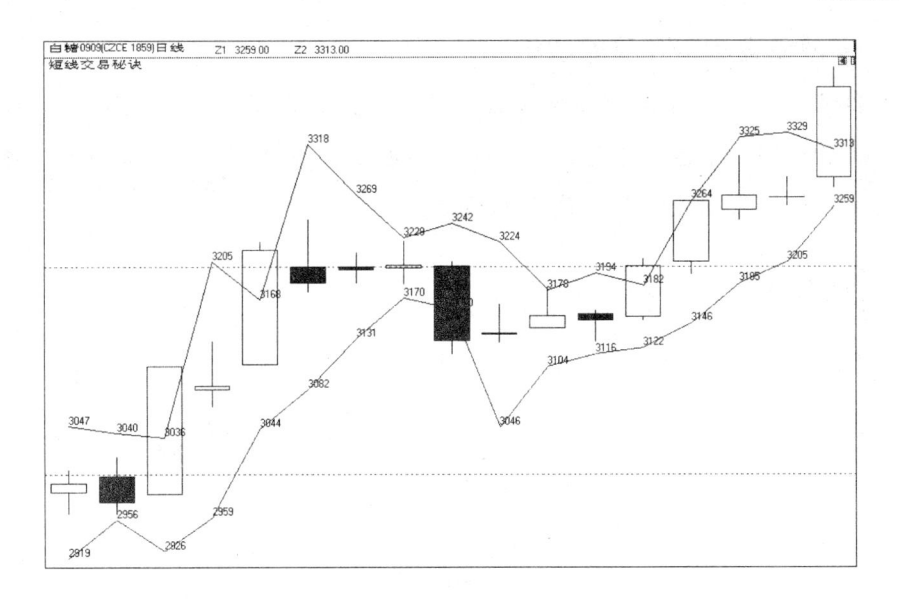

图 54

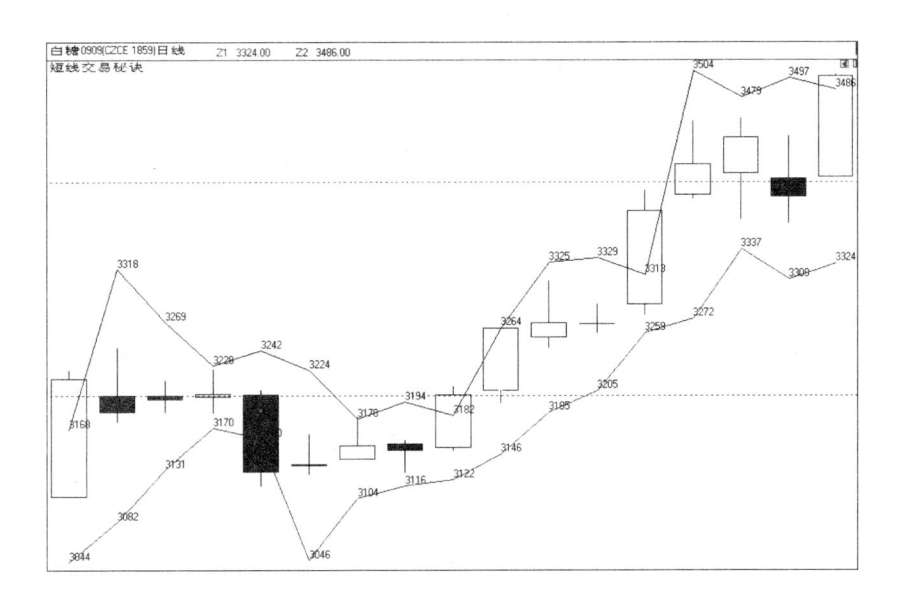

图 55

127

|期货交易的秘密

实战看盘和操作策略解析

2009年2月23日,系统出现买多交易信号(见图56最后一根K线),白糖即时价格向上穿越上轨的3650,我们在3650做多10手,一直持仓到收盘并以收盘价3678平仓,当日总获利2800元。

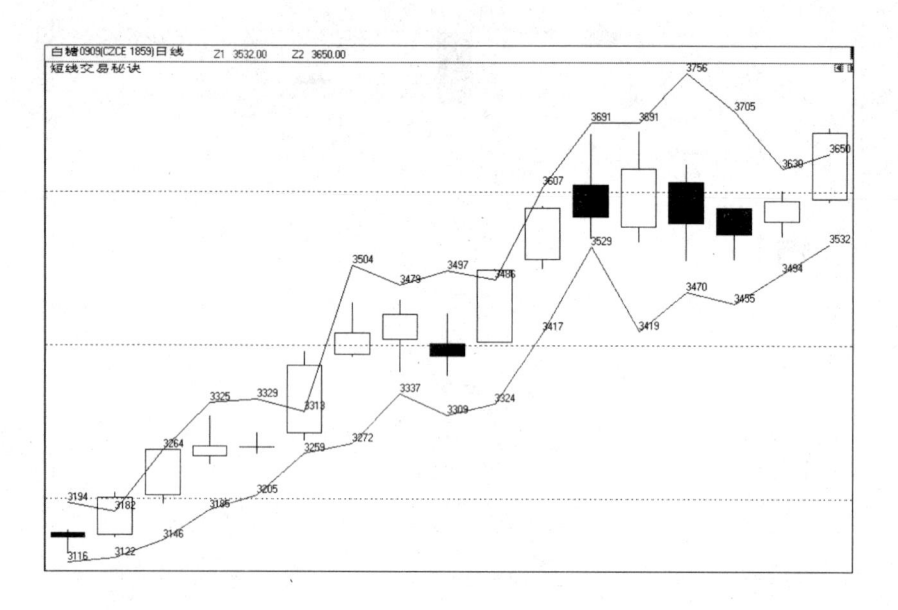

图56

实战看盘和操作策略解析

2009年1月27日(见图57最后一根K线),白糖即时价格向下穿越下轨的3692,我们在3692做空10手,一直持仓到收盘并以收盘价3729平仓,当日总亏损3700元。

2009年2月交易情况汇总:一月份总交易6次,盈利4次,亏损2次,成功率66.7%。总收益8200元。

在2009年1~2月内,我们使用约50%的资金,共盈利21200元,占总资金的42.4%。

附录1

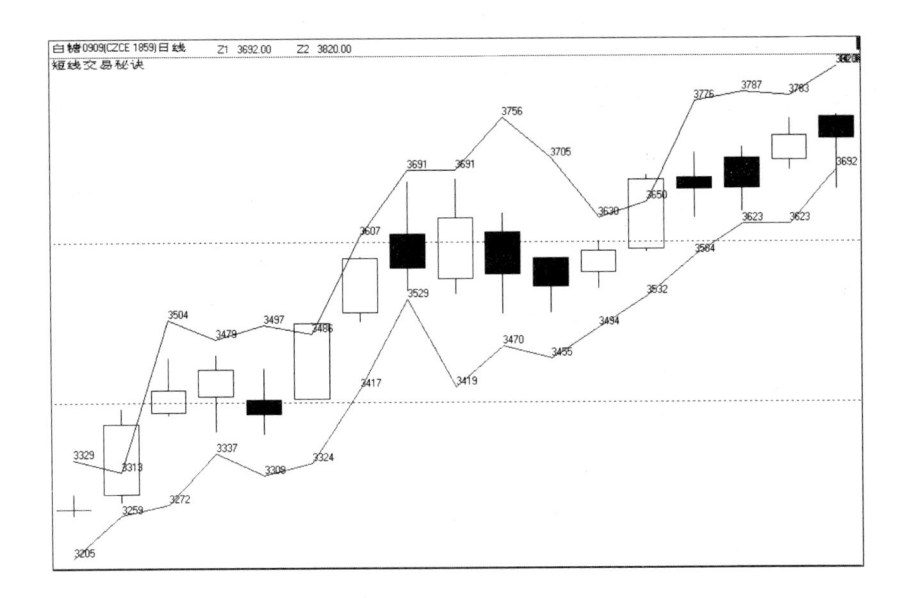

图 57

附录 2

超级操盘手培训课程

本书是我们初级培训班的部分授课内容，如果说本书的内容可以让你彻底告别亏损并轻松达到持续稳定盈利的话，那么超级操盘手培训课程就是教会你如何在稳定获利的基础上加快我们的赚钱速度，教会我们如何使用小资金迅速发展成大资金的神奇交易方法。将投资者的赚钱速度从原始的马拉车速度提升到现代的奔驰和宝马的快车道上来。

在超级操盘手培训课程中，我们会详细讲解如何使用小资金赚大钱，如何在一周甚至几天内快速获利，如何通过即日交易使我们的资金在三五个月内甚至一两个月内翻番，以及如何在风险极低的情况下使用重仓甚至满仓操作，如何在即日交易中套利，以获取超稳定的获利。

一个真正的期货投资高手，必然经历过以下四个过程：①大亏大赚阶段；②大亏小赚阶段；③小亏小赚阶段；④小亏大赚阶段。在这四个阶段中，只有你达到第四个阶段，投资市场才能是你巨大的聚宝盆。超级操盘手培训就是要让你轻松达到第四层境界，让我们的操作资金在一种极低风险下高速运行。

培训课程一：超级即日操盘手培训

这是小资金赚大钱的最好的方法，是一种超音速的赚钱方法。超级即日操盘手培训中我们讲述的内容和本书中介绍的即日操作内容完全不同，大多数的即日交易系统只适应一种或两种商品，而我们讲述的即日内容适用几乎所有的金融投资市场，而且获利颇丰。即日交易的优点就是不管市场是趋势行情还是震荡行情，我们同样可以赚取超额的利润。

K线图表是一本真正的无字天书，谁能破译这本无字天书谁就拥有了巨大的财富。自从有了投资市场的一两百年以来，多少人为了破译这本无字天书而朝思暮想、苦苦追寻。然而上帝和人类开了一个天大的玩笑，他把人类朝思暮想、苦苦追寻的投资成功秘籍摆在了投资者每日必看、最明显，但人们却往往视而不见的地方。只有具有慧眼的人才会发现交易原来是如此的简单，简单到不需要任何的指标和均线的地步，没有丝毫复杂的招式，一招制敌但却能见血封喉。

李小龙在学习了很多种武术套路后发现：所有的武术其实就只有一招，

期货交易的秘密

即快、准、狠的硬功。只要你能一出手就将对手击倒,任何招式都是多余的。其实期货投资上也是这样,所有指标在即日操作中都是多余的,我们只交易K线本身,这是一种剥去浮华直达交易本质的能力。

即日交易的全部就是放弃一切指标和均线,只交易K线。不用预测,不理会主力动向,不做任何主观的多空判断,只需要紧紧跟随市场走势进行操作。交易者要将自己看做急流中的一只小船,水流到那里,我们就跟随到那里。

凡经过K线演化而成的任何指标,必然存在延迟现象,而指标中只要有参数的设置,必然存在人为的痕迹。即日交易不同于波段和长线交易,它必须在极短的时间内取得良好的部位,所以任何延迟都可能对即日交易产生毁灭性的打击。

人因为有了梦想所以才会进步。一个好的即日交易系统可以极大地加快我们的赚钱速度,它可以说是价值连城的。

别人通过大量的时间和金钱总结出来的系统,你只要学习和复制就可以了。就像我在序言中所说的:在追求财富的道路上,有人愿意交费上高速公路,有人仍然愿意摸着石头过河,你选择哪一种?观念决定行动,思路决定出路。智慧的选择会让你举重若轻地实现成功。

不要怀疑一切,因为怀疑可能使你和成功擦肩而过。人生往往就是这样,错过一秒,就错过了永远。你信,一切皆有可能。

下面我将一幅日K线图和一幅1分钟K线图放在一起,见图58和图59。投资者放弃一切杂念,认真地观察这幅极其普通的、投资者每天都会看到的商品期货走势图,在这个普通的走势图里蕴藏着即日交易成功的巨大秘密,当你彻底破解了这个看似简单的K线图的时候,你就破译了投资界的无字天书。巨大的财富就会像阿里巴巴山洞中的金银财宝,在"芝麻开门"的秘语中向你打开。你的生活将发生天翻地覆的变化。你不再为金钱而烦恼,因为你知道,哪怕你只有区区的10000元,你的能力也可以满足一个月的基本生活需求。生活对你来说不再只是为了谋生,而是为了人生最大的享受。

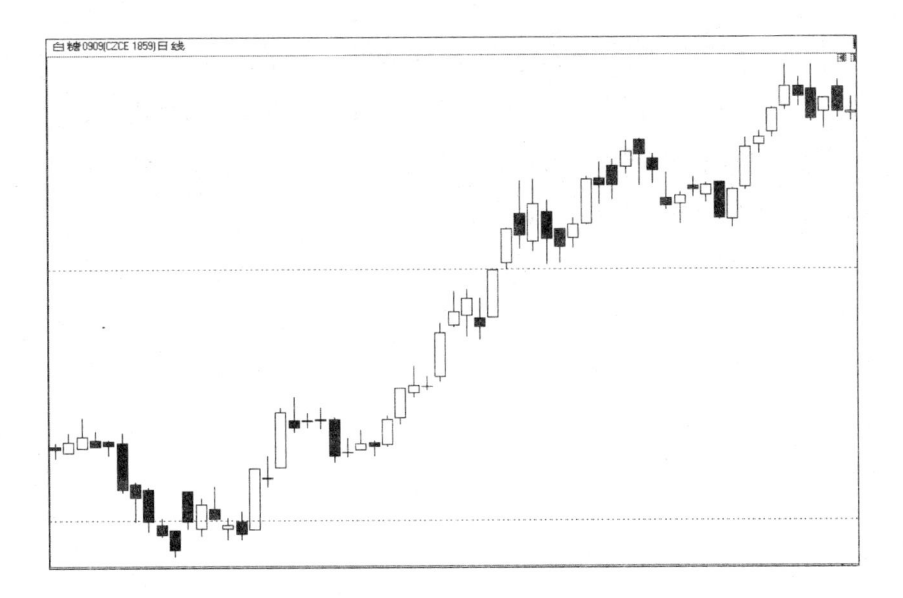

图 58

图 59

|期货交易的秘密

培训课程二：超级波段快速盈利操盘手培训

一般的波段交易由于存在隔夜的风险，投资者往往不敢使用大仓位，而且波段交易由于持仓时间较短，价格变动很快，因此投资者不敢随意加仓，致使波段交易的收获往往不是很大。

那么，如何在一个波段中取得最大的收益？如何在低风险下获得短时间的暴利？如何通过捕捉连续2~3天的阳线使资金大幅度地增长？如何捕捉一个波段行情的起始位置？这些都是我们操盘手培训课程中所要解决的首要问题。在图60中，如果投资者使用10万元的资金，在最后的两天中，使用多大的风险才可以获得最大的利润呢？这是一个价值百万美元的问题，投资者只有完全弄懂这些问题，才能让暴利成为习惯。课堂上我们会详细讲解如何在极短的时间内获得波段暴利的详细细节，因为细节决定交易的成败。

我们交易的目的是在短短的几天甚至是两三天就可以获得巨大的利润，通过更换不同的强势交易品种，使我们每周只交易飞速涨跌的行情，并通过资金的合理安排，使我们的资金在短时间内翻番，让暴利成为习惯。而在行情不好时能够迅速地撤离出自己的交易资金，让资金始终处于一种机智灵活的状态。

真正的交易高手并不是每天都交易，而是在趋势完全明朗时大赚一笔。在期货交易中，只有看到钱的交易者才有可能赚到钱。期货是一个巨大的聚宝盆。在超级波段快速盈利操盘手培训中我们会详细讲解如何在低风险下合理的使用资金使资金在极短的时间内产生巨大的效应以及如何防止隔夜的风险。

图61是玉米0905在2008年11月28日到12月4日的一段5分钟波段交易图，在这短短的5天里，我们使用极低的交易风险可以使资金在一周内获利60%，培训中我们会详细讲解如何捕捉到这样的波段行情以及如何避免隔夜的风险等详细内容。

谁说玉米不能暴利，只要你完全掌握了这种交易方法，任何交易品种都可以在短时间内给我们带来意想不到的利润。该方法能够使小资金快速成长成为大资金。

附录 2

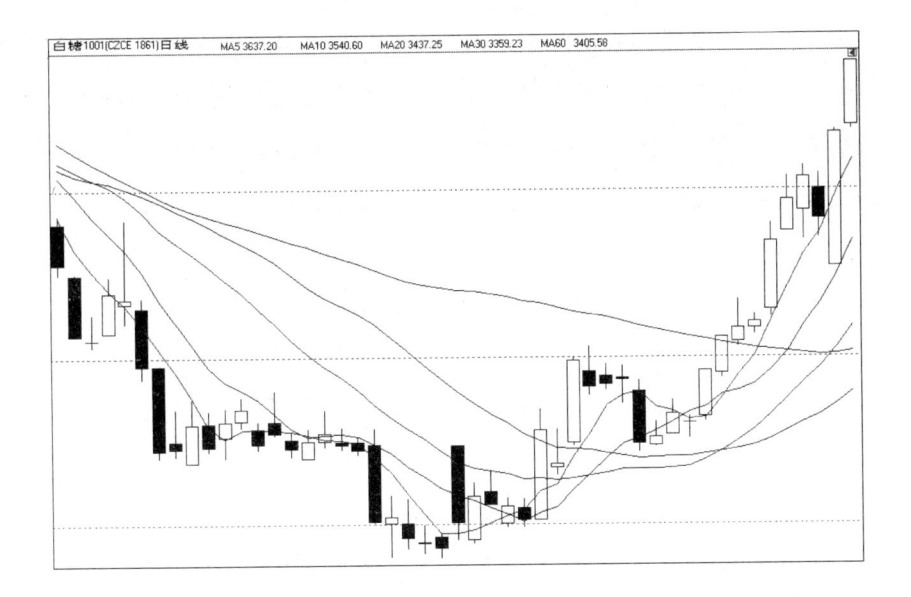

图 60

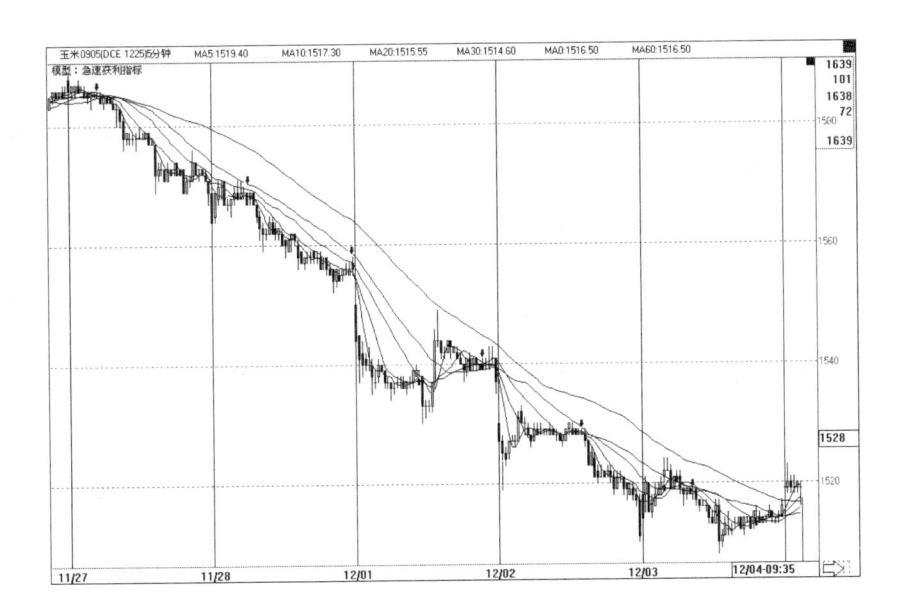

图 61

137

| 期货交易的秘密

成功者之所以能够成功，不是因为他们比其他人聪明多少，而是因为他们能够对普通的事物进行很深层次的研究，在普通中发现神奇的闪光点。而深层次的发现很可能会化腐朽为神奇，远远地将普通大众抛在身后。

培训课程三：超级即日套利操盘手培训

绝大多数的投资者都知道或了解过期货中的套利操作，有的甚至做过很深入的研究，但对即日套利模式知道的人却少之又少。其实即日套利是一种极其稳健的投资方式，它和单面交易的区别就是：资金曲线比较平滑，没有单面交易资金的较大幅度的回撤。投资者如果完全掌握了即日套利模式，那么，几乎每天盈利对你来说并不是神话。我们可以用一种方法在几个品种中套利，无论哪个品种在盘中出现套利机会，我们的方式都可以捕捉到。

下面，我们以同品种间的跨期套利和不同品种的跨品种套利为例，来说明即日套利的巨大价值：

1. 跨期套利模式

图 62 是棕榈油 1001 和棕榈油 909 即时叠加图，从开盘到 9:30 的 30 分钟内，棕榈油 909 曲线一直在 1001 曲线上面运行，10:35 左右，棕榈油 1001 开始反超 909，在其上面并拉开距离，我们卖空棕榈油 1001 同时买多 909，上午收盘前，1001 重新回落到 909 曲线下并拉开距离。我们套利平仓。每手获利 360 元。10 手共获利 3600 元。

2. 跨品种套利模式

图 63 是橡胶 1001 和沪锌 1001 即时叠加图，从开盘到 9:30，橡胶 1001 曲线一直在沪锌 1001 曲线上面运行，下午 13:40 左右，沪锌 1001 开始反超橡胶 1001，在其上面并拉开距离，我们卖空沪锌 1001 同时买多橡胶 1001，上午收盘前，沪锌 1001 重新回落到橡胶 1001 曲线下并拉开距离。我们套利平仓。每手获利 750 元。10 手共获利 7500 元。

当然，上面我们只简单地说明即日套利的魅力，虽然简单却极其有效。在即日套利中还包括趋势转势套利模式、移仓套利模式和正常套利等模式。这些都会在培训中做详细的讲解，通过高强度的培训，把一名交易生手迅速培训成为交易高手。

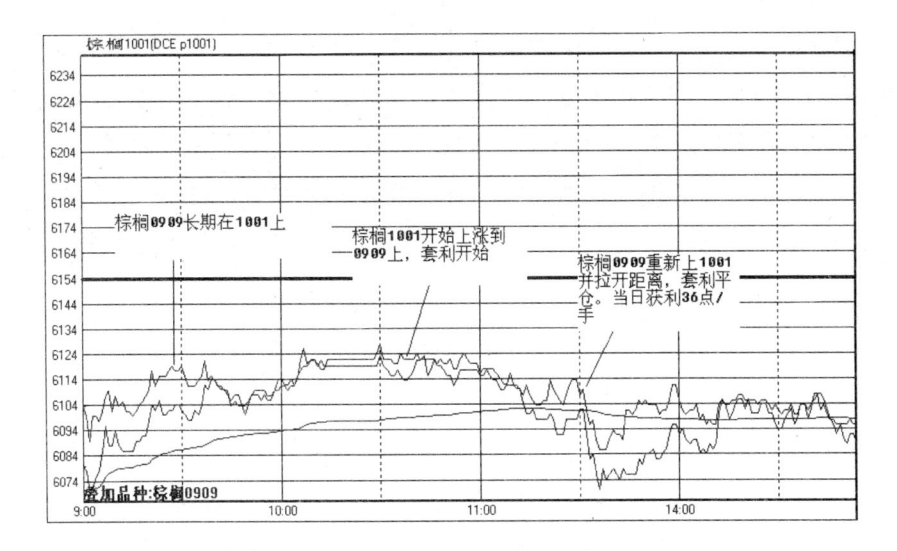

图 62

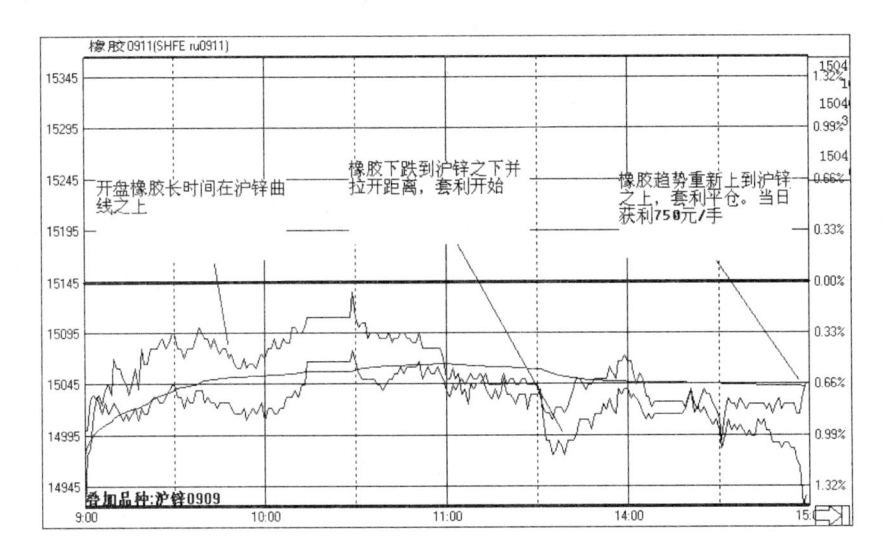

图 63

期货交易的秘密

期货投资是一门非常精细的技能,任何似是而非的模糊做法都会导致资金的大幅度亏损,因此,细节非常重要。投资者不要在还没有完全弄懂的情况下贸然进入实战操作。

每一位有作为的投资者都知道:书不在多而在精。只要你将本书认认真真地读几遍,并能完全掌握书中的任何一种投资方法,超人的奇迹都会在你身上发生。

对书中有疑问的投资者可以联系笔者,我的联系方式是:www.jinshouzhitouzi.cn。

为了使投资者更快地提高自己的交易理念,我在这里给大家推荐几本好书:爱德温·李费佛的《股票大作手回忆录》、斯坦利·克罗的《期货交易策略》、拉瑞·威廉姆斯的《短线交易秘诀》和舒华兹的《交易冠军》。这些经典的书籍应该成为投资者的枕边书,当你将上述书籍阅读多遍的时候,你的交易理念会在不知不觉中发生天翻地覆的变化。

坚持一种行为,成就一种人生。

期货交易的秘密
（四）

赚大钱的关键，长线交易，顺势加仓

一个真正的投资高手，在交易中只选择低风险对高收益的机会。而且他们交易次数很少，往往一年才交易十几次。而很多初学者为了牟取暴利，往往喜欢频繁并且重仓操作，这样的操作，即使少数几次连续亏损就会导致总资金大幅缩水。其后又由于恐惧，一直在交易中使用小仓位操作，虽然亏损减少了，但资金也像幼儿园里的小孩儿永远长不大。

如何才能用很小的风险博取极大的利润，这是很多的投资者梦寐以求的交易秘籍。

要想在期货投资中成功，首先是要保存自己的实力，先保证自己不被市场所消灭。在此基础上，再赚取利润以求发展。最后才是追求和牟取暴利。这就要求我们在投资中做好两件事：一是减少交易次数。频繁交易是初学者亏损的最大原因。二是采用合理的资金管理以减少亏损和追求资金的最大收益。而长线交易可以有效的减少交易数量，顺势加仓可以保证小亏损大盈利。

有人总忽视资金管理在期货投资中的巨大作用。华尔街短线高手比尔·威廉姆斯曾经说过：在你学会使用合理的资金管理之前，你不过是一个微不足道的小小投资客，你永远都抓不住商品交易的魔戒，一会儿在这里赚钱，一会儿又在那儿亏钱，永远都不会赚到大钱。只有你彻底掌握了资金管理的诀窍后，你才会成为真正的大赢家，建立起庞大的财富。

而乘胜追击式顺势加仓法正是高手秘而不宣的复利交易法。长线交易，顺势加仓，是期货赚大钱的关键。这几乎是所有投资大师都正在使用的交易方法。

短线交易只能是高手，长线交易才能成为大师。做中长线的目的是防止无谓的损失。

下面，我们以白糖0905日线交易加以说明(图7)，以总投资10万元为例，计算中为方便起见忽略手续费。

期货交易的秘密

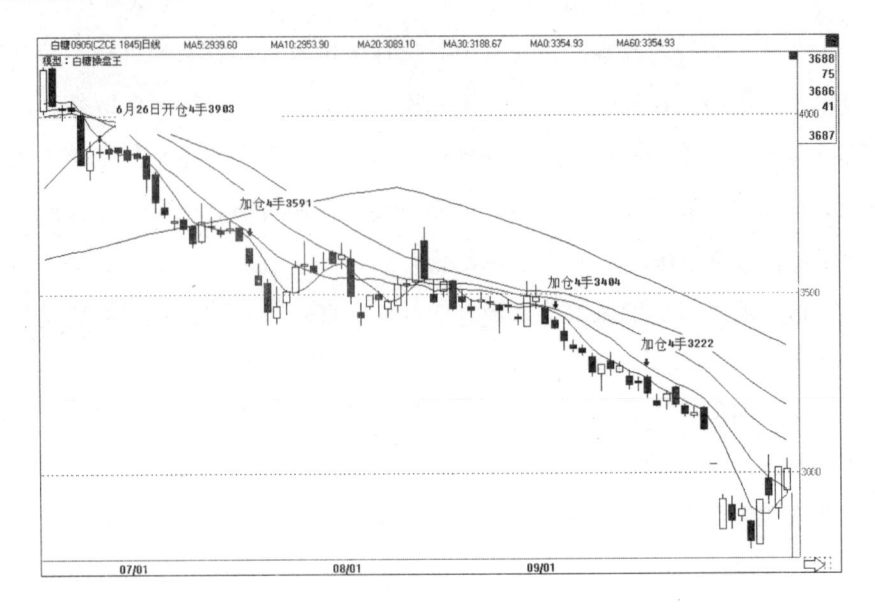

图 7

实战看盘和操作策略解析：

(1) 白糖 0905 在 2008 年 6 月 26 日出现长线转势信号，我们在收盘时以收盘价 3903 卖空 4 手，止损 100 点，即如果期价涨到 4003 我们止损平仓，亏损 4000 元，占总资金的 4000÷100000=4%。风险只有『-4%』，是可以接受的。

(2) 在我们交易后，期价迅速脱离我们的成本区，我们一直持仓不动，7月 18 日，期价在经过小幅盘整后突破前低，按照前面我们讲过的关键点交易法四，我们在当日收盘时采取等比例加仓法，加仓 4 手价格 3591 元，成本是 3747。止损仍然是 100 点，即 3691 元。此时如果期价上涨到 3691，我们的盈亏是：10×8×(3747-3691)=4480。风险『+4.5%』。

(3) 由于其后价格始终没有涨到 3691，2008 年 9 月 3 日，期价在经过了长达一个多月的盘整后向下突破盘区，按照关键点交易法二，我们于 3404 加仓 4 手，成本是 3632.67。止损 100 点，即 3504 元。计算一下我们现在的盈亏是：10×12×(3632.67-3504)=15440。风险『+15.4%』。

(4) 同样，9 月 18 日，白糖 0905 突破小型盘整后，我们在收盘时以市价

3222 加仓 4 手，现在的平均成本是 3530。止损下调到 3322，止损幅度 100 点。这时如果被止损，我们的盈亏情况是：10×16×(3530-3322)=33280。风险『+33.3%』。

(5) 2008 年 10 月 16 日，系统出现转势平仓信号，我们在 3010 处平掉所有的卖空仓位，入场做多。至此。一个长线交易就完成了。此次交易的总收益为：10×16×(3530-3010)=83200。风险『+83.2%』。

现在我们将行情做个简化，以解释风险与报酬的关系：

① 3930 放空 4 手，停损设 4003，停损赔 4000，『- 4%』

② 跌到 3591，加码 4 手，平均成本 3747，停利设 3691，如停利，『+4.5%』

③ 跌到 3404，加码 4 手，平均成本 3632，停利设 3504，如停利，『+15.4%』

④ 跌到 3222，加码 4 手，平均成本 3530，停利设 3322，如停利，『+33.3%』

⑤ 跌到 3010，全部平仓，16 手获利 8.32 万，绩效『83.2%』

从中我们可以看到，随着交易仓位的不断增大，交易的风险却逐渐降低。越到后面你的仓位会越大，潜在报酬也会越来越惊人！10 万元的投资资金，短短的 4 个多月里，在只承担 4000 元风险的情况下，收益 8.3 万元，资金接近翻倍。这是何等的低风险和高收益。这还是比较粗糙的加仓方法，如果结合分钟线进行精细的加仓，收益可达 3～5 倍。一波大行情，高手操作可以使利润暴增 5 倍以上。这就是交易高手秘而不宣的长线复利操作法。

下面我们再举一个玉米交易的例子。

图 8 是玉米 0905 从 2008 年 7 月 21 日到 2008 年 12 月 26 日的日线图。我们不做详细的说明，只以汇总的形式分析其交易的风险和收益情况，以加深读者的印象。

① 1978 放空 10 手，停损设 2028，停损赔 4000，『-5%』

② 跌到 1840，加码 10 手，平均成本 1909，停利设 1890，如停利，『+3.8%』

③ 跌到 1767，加码 10 手，平均成本 1861.7，停利设 1817，如停利，

| 期货交易的秘密

『+13.4%』

④ 跌到 1598，加码 10 手，平均成本 1795.8，停利设 1648，如停利，『+59.1%』

⑤ 跌到 1569，加码 10 手，平均成本 1750.4，停利设 1619，如停利，『+65.7%』

⑥ 跌到 1500，全部平仓，50 手获利 8.32 万，绩效『125.2%』

有很多投资者不屑于交易玉米，认为玉米波动太小，获利不大。但是我们现在看看，短短的 5 个月时间，我们使用长线交易，顺势加仓的操作方法，获利 125.2%，资金翻倍。其实，期货投资并不在于交易哪一个品种，而在于你是否有获利的能力。

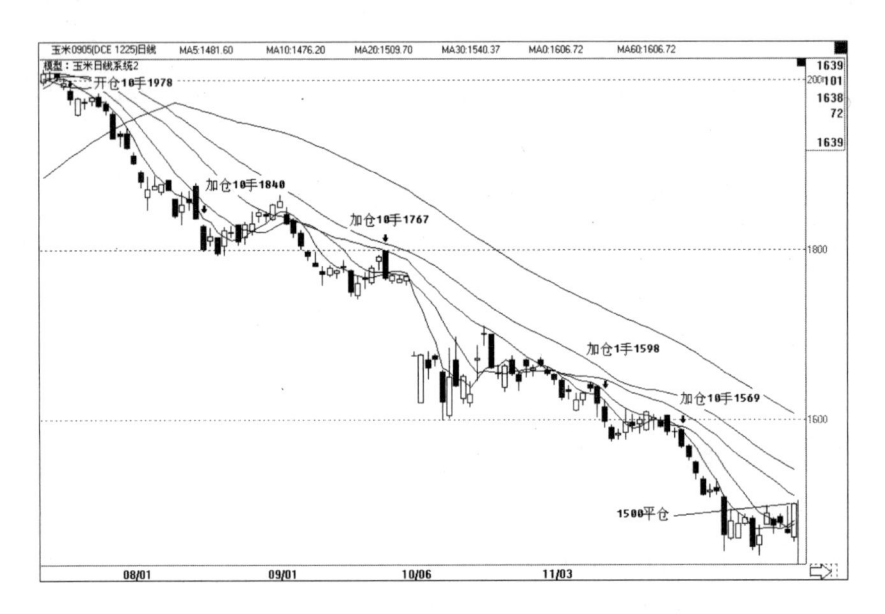

图 8

期货交易的秘密
（五）

稳定盈利的关键是必须建立一套适合自己的交易系统

期货交易的秘密（五）

　　在投资市场上打拼过几年的投资者都会逐渐懂得：要在期货市场上赚一次钱很容易，难的是能够长时间持续稳定地赚钱。很多投资者在投资市场上赚钱是很不稳定的，他们今天在这儿赚了钱，明天又在那儿赔回去。赚了不知道如何赚，亏钱又不明白如何亏。每次交易时心情极其紧张，不知道该何时开平仓。

　　在我刚进入金融投资的最初几年，无论在看盘技术上还是操作策略上，往往都是临时起意，不遵循通常的交易原则或者从来就没有交易原则。操作时毫无章法可言，几乎完全是赌博式的盲目操作。一会儿听消息，一会儿看股评。一会儿问专家，一会儿凭感觉。这种盲目投资的结果就是资金的大幅缩水，投资信心受到很大的打击。在经过多次的巨额亏损后我才幡然醒悟，要想在投资市场上获利，就必须学习和掌握投资的基本知识和基本技能。后来看过很多的书，书上经常讲述捕捉牛股多少多少招，这些招式其实质就是多个指标的组合操作。看到书中通过几个简单的技术指标组合就可以轻易地赚钱，于是我开始疯狂地研究技术分析。在最初的几年里，我几乎研究过市面上所有的操盘技术，沉迷于各种复杂的交易理论。什么道氏理论、波浪理论，甚至包括江恩理论和混沌理论。一会儿学波浪，一会儿学混沌，但交易结果却始终不理想。在经过深入细致地分析后我才发现，所有这些理论存在一个很大的缺陷，就是这些理论始终无法解决交易中非常关键的精确交易定位问题，对价格的走向没有一个准确而客观的判断，致使交易者无法对操作精确量化。例如，波浪理论，市场上有多少波浪理论的信徒就有多少种数浪方法。道氏理论和混沌理论也只是为交易者从宏观方面提供了可供参考的趋势判断依据。K线理论虽然有明确的入场点，但它有一个天然的缺陷：没有与之配合的出场点。只有技术指标符合交易精确定位的所有要求，因为技术指标的优点是显而易见的，它有明确的开平仓交易信号。于是我就将研究重点放在技术指标上，书店只要是有关技术指标的书籍我全部买回家中仔细研究。经过深入的研究后发现，似乎每个指标都可以大幅盈利，这使我欣喜万分，似乎终于找到了期货交易的秘密。但最终的交易结果却彻底粉碎了我的发财梦想，在实际交易时仍旧亏损累累。

期货交易的秘密

事后我对行情走势进行了大量的复盘和模拟,奇怪的是:在模拟交易中即使使用相当简单的均线系统,收益也会和实际完全的不同,总盈利相当大。但在实际交易中为什么却产生如此大的亏损?对此我在很长的时间内百思不得其解。最后我突然发现:自己在实际交易中虽然自觉地运用了技术指标,却由于不懂得交易的一致性和连贯性原则,导致投资失败。比如,在实际的交易中我经常使用很多的技术指标进行交易,常常出现按照RSI指标买入,却按照MA指标卖出;按照MACD指标买入,却以KDJ指标卖出等多种情况。有时为了片面地追求高成功率,使用多个指标共振组合操作,以为这样可以提高交易的成功率。但在实际交易时却经常出现指标相互矛盾的局面,有时按OBV指标应该买入,按WR却应该卖出。多个指标间相互买卖信号的不一致和为片面追求高准确率而迁就多个指标同步出现买卖信号的交易思路,使我常常在交易时感到非常困惑和矛盾,使原本应该很舒适的交易变得异常艰难。并且由于思路和交易理念的极度不清晰,在操作周期上也极其混乱,操作中经常转变交易周期。在很多时候经常出现按照日线指标入场,却以30分钟指标出场等多种情况。这种指标系统的不一致,交易长短周期的不一致,致使操作极其混乱,缺乏交易的一致性和连贯性,是最终导致交易巨额亏损的最根本的原因。

经过长时间的深思我终于明白了,要想在投资市场上持久长期稳定地获利,就必须规范自己的操作程序,建立一套适合自己的交易系统,如果没有确定的交易系统,那么,赚钱就如同天边的流星,美丽却不能持久,没有一套适合自己的交易系统,就好像一个没有武器的人站在战场上,结局是可想而知的。对于金融投资行业来说,没有适合自己的交易系统就根本无法战胜市场,无法做到长期持续稳定地获利。而这正是大部分投资者徘徊在天堂和地狱之间的根本原因。在交易方法没有上升为系统交易之前,没有人能实现稳定盈利的目标。系统交易是交易的最高境界,因为它完全排除了人为的主观看法,是彻底将投资者从一名看戏的转变成为一名唱戏的关键。

金融行业的走势图,往往有着或多或少的相似之处。只要我们肯下工夫进行大量的统计和研究,并经过无数次的交易和实践,总能够建立起一个基本的交易方式和程序，然后在此基础上经过认真仔细地细化，最后必然能形成自己的交易系统。这就是我们稳定的始终如一的操作依据。金融交易说白了就是一种概率的游戏，如果没有固定的交易系统，只凭感觉或消息进行开平仓，就不能保证概率的一致性，也就很难做到长期稳定地盈利。坚守程序，就是坚守以往大多数相同的情形和结果。成功要靠系统程序来保证，每个想要在金融投资行业中盈利的投资者都必须要有一套适合自己的交易系统。

有这么一类投资者，他们购买了一套完整的交易系统，按照系统统计的结果是盈利的，但在实际交易中却出现严重亏损。经过事后的分析我们会发现他们没有完全按照系统指示的信号操作。很多人将这种情况笼统地归结为缺乏纪律和一定的执行力。总在加强执行力上下工夫，但最终效果却始终不太明显。其实执行力除了和习惯有关外还和一个人的性格有关。符合自己性格的系统执行起来就相对容易，而不符合自己性格的交易系统执行起来就相当困难。例如：有的人操作长线系统感到很舒适，而有的人操作长线系统时却感到非常别扭。这是因为系统和人性相违背。慢性子的人适合做中长线，急性子的人适合做短线甚至是即日。让慢性子的人进行即日操作，必然导致手忙脚乱，资金亏损累累。同样，让急性子的人进行长线操作，必然等不到长达一两个月的交易信号，而且在系统中途由于性格关系常常在盘中下随意手，最终导致交易失败。由此可见，交易系统必须和自己的性格相适应。建立了海龟交易系统的华尔街投资大师查尔·丹尼斯曾经说过：就是将我的交易系统公布于众，人们还是赚不到钱，其原因就是我的操作系统并不适合大多数人的性格。因此我们不但要有一套稳定盈利的交易系统，而且该系统还要适合自己的交易风格。

还有一类投资者，他们明明有一套适合自己的收益极佳的交易系统，但在系统正常的困难期内却发现另外一套交易系统比自己的使用得要好，就放弃自己的第一套系统而使用第二套。这样一而再、再而三地更换交易系统，到最后也没有一个运用熟练的系统，其投资收益就可想而知了。这就是由于缺乏交易的一致性和连贯性。一致性的重要性就在于，它遵循着通常的情况，站在最大盈利的可能性上。投资讲究的是"一个指标，一个理念，最终形成

| 期货交易的秘密

自己的绝招"。不要因为系统存在多次的亏损就放弃一个良好的系统。朝三暮四、忽东忽西无疑是投资行业的大敌。其实，一个指标练熟练了，就能熟能生巧，举重若轻。在别人看来就成为了绝招。

但是，不要认为拥有一套适合自己的交易系统就可以高枕无忧、财源滚滚了。成功的交易除了拥有一套适合自己的交易系统外，还必须有与之相适应的交易纪律。交易者在拥有一套适合自己的交易系统后，预测行情的涨跌已经不重要了，重要的是对交易系统的信心和纪律。投资的主体是人，系统只是人手中的枪。到底能否投资成功，主要还要看投资者是否具有驾驭系统、遵守系统纪律的能力。不要指望让三岁小孩儿驾驶航天飞机，同样一套交易系统，在不同人的使用下效果却会大不相同。知识和能力是两个不同的范畴。知识是属于认知领域的范畴，而能力则属于实践领域的范畴。只有彻底地将知识和能力结合起来的投资者，才是一个真正能够在交易市场上获利的合格的投资者。

期货交易的秘密
（六）

> 百分之百盈利的关键是以资金的强击弱，以大击小

期货投资是一场不见血的战争。要想赢得这场战争的最终胜利，就必须懂得战争的艺术，这就是在战争中一定要做到以强击弱，以大击小。

有很多投资者虽然有一套良好的交易系统，并有坚持按照系统操作、严格遵守交易纪律的能力，但却往往因为不懂得战争的艺术和战争的策略，不懂得兵力的运用即不懂得资金管理的艺术，从而导致投资交易的最终失败，这不能不让人深感惋惜。

很多人进入期货市场，是看中了期货的保证金制度，妄图通过期货市场的高杠杆作用以较少的资金博取高额利润。其实这是一种极其错误的交易理念。这种理念直接导致很多投资者贸然进入期市、频繁操作。期货市场是一个富者更富、贫者更贫的行业，因为交易的最终仍然归咎为人性的较量。期货说到底就是心态的较量，仓位是胜负的根本！只有轻仓才没有压力，也只有轻仓才能保证完全按照交易系统操作而不至于使技术操作变形，同时轻仓也能够使你的资金经得起行情的剧烈震荡，不至于在看对行情的情况下被清洗出局，从而抓住大的趋势行情。谁都知道期货投资看对行情是比较容易的，但很多人虽然看对行情走势，却由于资金太小，仓位过重，经不起行情的剧烈震荡亏损出局。抓大趋势是大多数投资者在期货赚钱的基础。因此我们不但要看准大势，还要经得住庄家的折腾，只有做到这一点才有可能赚钱，那些偶尔赚一把的人，或迟或早是要赔进去的。

金融投资行业是心态至上的行业，交易心态在投资中占有极其重要的作用。资金越大的投资者往往因为不急于赚钱，因此仓位不重。同时因为资金大，所以能够经得起行情的剧烈波动，而资金小的投资者由于资金有限，心理承受能力薄弱，经不起行情的剧烈波动，反而不能赚到钱。这是一种投资的辩证法。

有很多人用2000元做1手玉米，假如玉米的保证金是1700元/手，那么，即使你完全看对趋势走向，但由于入场点不好，只要行情逆向30多点，就会导致保证金不够被期货公司强行平仓，而此时你的交易系统仍然要求你持仓，一旦你由于保证金不够而提前出场，你就无法坚持系统，你的节奏将彻底被打乱，从而导致交易的失败。

期货交易的秘密

用 2000 元做 1 手玉米和用 10000 元做 1 手玉米的心理是完全不同的。因为 30 多点的回调对于 2000 元的交易资金会由于保证金不足被赶出交易市场，而 30 多点的回调对于 10000 元的交易资金只是亏损区区的 3%。这就导致即使是使用相同的交易系统，由于资金的不同导致完全不同的交易结果。

很多人用 4000 元做大豆，5000 元做白糖，10000 多元做橡胶。根本不用看我们都可以知道他们的投资结果如何。期货交易有一条天规：就是尽量将每一次的亏损控制在总资金的 3% 以内。试想想看：白糖每日波动幅度将近 100 点，1 手的盈亏就是 1000 多元，你如何将每次的亏损控制在 3% 以内。5000 元的 3% 才是 150 元，15 个点的止损做白糖波段实在太小，除非你进行即日交易。

一般的波段交易系统，成功率大多在 30% 左右，它的盈亏在于以不断的小额亏损来测试和捕捉大行情。用 5000 元做白糖波段，即使 10 次交易中 3 次亏损，7 次盈利，如果每次亏损 1000 多元，连续 3 次就亏损 3000 多元，占总资金的 60%，这时你的心态肯定会受影响。但如果我们做小麦、玉米等小品种，心态和效果就会大不相同。大多数的波段交易系统成功率低于 50%，但即使轻仓操作，一年下来也有丰厚的收益。如果仓位过重，则会在中间的连续止损中暴仓。这正应了那句老话：欲速则不达。

10000 元做玉米感觉很稳，但做白糖在大多数情况下却会最终亏损。因为一旦交易失败，白糖波段可使亏损达到 1000 多元/手，占总资金的 10%，本来是一次正常的回调，却因心理压力过大而平仓出局，使浮动亏损变成实际亏损。一旦价格回升，却又因为价格太高而不敢入场交易，这样就陷入交易的恶性循环之中。

而且如果我们的交易资金太少，例如只能做 1 手，那么在上涨时你就无法加仓，下跌时无法减仓，这样大大限制了我们的获利潜力。

做期货的最高境界就是心无挂碍，这样才能感受到市场的脉络，赚钱和止损如呼吸一样自然。而只有资金雄厚且交易仓位不重，才能心无挂碍地有良好的心态来抵御市场的震荡，才能感受到市场的脉搏。大多数人做期货不是被市场消灭，而是因为不懂得资金的管理艺术，被自己的无知消灭的。

那么我们如何利用期货的高杠杆作用获取暴利？如何用相对小的资金获取较大的利润呢？那就是要通过首次轻仓，随着行情的顺势发展逐步加仓的操作方法。这在《期货交易的秘密(四)：赚大钱的关键，长线交易，顺势加仓》中我们已进行了详细的讲解。